MARIA NILZA FERNANDES

Quem ama, cuida!

O CUIDADO COMO CAMINHO PARA A FELICIDADE

EDITORA
SANTUÁRIO

DIREÇÃO EDITORIAL:
Pe. Fábio Evaristo Resende Silva, C.Ss.R.

CONSELHO EDITORIAL:
Avelino Grassi
Ferdinando Mancilio
Marlos Aurélio
Mauro Vilela
Victor Hugo Lapenta

COPIDESQUE:
Cristina Nunes

REVISÃO:
Ana Lúcia de Castro Leite
Manuela Ruybal Alves

DIAGRAMAÇÃO:
Bruno Olivoto

COORDENAÇÃO EDITORIAL:
Ana Lúcia de Castro Leite

Dados Internacionais de Catalogação na Publicação (CIP)
(Câmara Brasileira do Livro, SP, Brasil)

Fernandes, Maria Nilza
  Quem ama, cuida!: o cuidado como caminho para a felicidade / Maria Nilza Fernandes. – Aparecida, SP: Editora Santuário, 2016.

  ISBN 978-85-369-0428-3

  1. Cuidados com a vida 2. Cuidados de saúde 3. Espiritualidade 4. Felicidade 5. Mente e corpo 6. Saúde – Promoção I. Título.

16-01554   CDD-613

Índices para catálogo sistemático:
1. Cuidado integral: Saúde: Promoção 613

A marca FSC® é a garantia de que a madeira utilizada na fabricação do papel deste livro provém de florestas que foram gerenciadas de maneira ambientalmente correta, socialmente justa e economicamente viável.

Este livro foi composto com as famílias tipográficas Aaargh, Alex Brush, DejaVu Sans Book, Dekar, Segoe e impresso em papel Offset 75g/m² pela **Gráfica Santuário**.

2ª impressão

Todos os direitos reservados à **EDITORA SANTUÁRIO** – 2018

 Rua Pe. Claro Monteiro, 342 – 12570-000 – Aparecida-SP
Tel.: 12 3104-2000 – Televendas: 0800 - 16 00 04
www.editorasantuario.com.br
vendas@editorasantuario.com.br

AGRADECIMENTOS

Agradeço ao Bom Deus, que se fez presente no meu pensar, em todo o tempo deste trabalho, ouvindo meu clamor ao Espírito Santo.

Expresso minha gratidão às amigas Heloisa Hummel, farmacêutica homeopata, e Cidinha Hummel, psicóloga, que leram os rascunhos, manifestaram suas críticas e me encorajaram a buscar uma publicação.

SUMÁRIO

Introdução | 7

1. Sabedoria no cuidar | 9
2. Cuidar de Deus | 13
3. Cuidar do próprio ser | 17
4. Cuidar do espírito | 23
5. Cuidar do corpo | 29
6. Cuidar da beleza do corpo | 35
7. Cuidar da alimentação | 39
8. Alimentação saudável | 43
9. Cuidar do outro | 47
10. Cuidar dos dons | 53
11. Cuidar da imaginação | 57
12. Cuidar da memória | 63
13. Cuidar dos sentimentos e das emoções | 67
14. Cuidar das palavras | 71
15. Cuidar dos relacionamentos | 75
16. Cuidar do ambiente | 79
17. Cuidar da cidade onde vivemos | 81
18. Cuidar do País | 83
19. Cuidar do Planeta Terra | 85

Conclusão | 87

INTRODUÇÃO

O cuidado é sempre a manifestação concreta de um pensamento dirigido ao bom relacionamento com Deus, ao bem do próprio indivíduo ou ao bem do outro.

Tudo começa com o pensar que exige o sair de si, das preocupações fechadas do eu, para vislumbrar um campo maior. Assim, se não aprendo a buscar Deus, a querer me comunicar com Ele, a abrir meu coração e minha mente para encontrar um Ser Superior, não vou ter nem mesmo o entendimento do que é cuidar.

Se não procuro me enxergar do outro lado, de fora do meu ser, para descobrir minha pessoa, as características de minha personalidade, minhas próprias necessidades e minhas perspectivas de evolução, não saberei cuidar de mim mesmo(a).

Se não aprendo a me colocar no lugar do outro, a conhecer suas necessidades, suas dificuldades, suas características positivas, suas possibilidades, não saberei cuidar do outro.

A origem de todo cuidar é o amor, é o despertar de um sentimento favorável à ajuda, à percepção da alegria do dar-se, do expandir a mente para ser capaz de enxergar uma dimensão maior em todos os seres. E o amor começa no pensar, no refletir, no dedicar momentos da vida para o encontro espiritual, algo além do concreto, do agora e do espaço definido e presente.

INTRODUÇÃO •

Pensar é buscar o incorpóreo, o além, o extenso, o maior que o próprio eu e a realidade concreta, para fazer valer a verdade pura que extrapola o aqui e o agora. É sentir o gosto do Infinito, perceber as dimensões positivas do belo, do grande e do possível, o dinamismo da evolução e todas as dimensões que envolvem a energia vital. E cuidar começa com o pensar: pensar em Deus, em si e no outro; meditar sobre as consequências da forma de comunicar, da maneira de agir, do jeito de enxergar todas as coisas. Cuidar começa com o descobrir o meu valor como pessoa, o valor do outro e de todo o gênero humano. É ir conhecendo os detalhes das maravilhas criadas por Deus em mim e no outro: o espírito, o corpo, os dons, os sentimentos e as emoções, o poder de falar e de se relacionar, as belezas da Natureza, o mundo dos animais e a riqueza da terra. Cuidar é sair de si para buscar paragens mais ricas do viver.

1
SABEDORIA NO CUIDAR

Procura-se uma definição de cuidado que seja fruto da vivência e não a que está nos dicionários. Assim se entende que cuidar é a ação de disponibilizar-se para a prática do amor a si mesmo e ao próximo, exigindo atenção, o sentir ardoroso do coração, o tentar visualizar a extensão do ser de cada irmão, de cada situação.

Toda criatura de Deus é um ser maior que a extensão de nosso primeiro olhar, é mais rica de qualidades e de possibilidades do que percebemos ao primeiro contato.

É preciso despertar os sentidos para perceber a imagem, o som, o odor, o sabor, os sentimentos de cada ser; sentir com o coração a presença de cada ser humano, de cada animal, de cada criatura da Natureza, da Gaia amiga Terra, nosso Planeta e de todo o Universo.

Desperta, coração! Tu tens uma função, um papel muito importante na existência!

O Senhor nos deu o coração como regulador da vida e do amor. É preciso que nos atentemos para escutar suas batidas, para regulá-las e ritmá-las conforme as necessidades pessoais e as do outro, tais como se apresentam, em cada circunstância.

Cuidado é o poder precioso que Deus deu a cada ser humano, mas que muitas vezes não usamos. É frequente o deixar-

• 9

1. SABEDORIA NO CUIDAR •

mos adormecido, não o usar, não nos conscientizarmos de que temos o grande privilégio de poder cuidar das vidas, todas as vidas: a pessoal, a do outro e até a dos animais e vegetais presentes em nosso viver.

Cuidar é atentar sempre para que, deixando-nos acinzentados, possamos conhecer as multicores de todas as criaturas.

Cuidar é silenciar para escutar os sons, a fala do outro, ele seja humano ou animal.

Cuidar é aquietar-se para deixar que o outro se movimente, manifeste-se.

Cuidar é oferecer algum sabor gostoso ao paladar do outro.

Cuidar é perfumar o ambiente com flores e aromas para que os outros possam usufruir dos odores benéficos.

Cuidar é acarinhar para que o outro possa sentir o amor.

Cuidar é acender nos ambientes uma Luz Divina, conectando-nos com Deus, falando e cantando louvores a Ele, sorrindo, trazendo alegrias, aplausos e vitórias.

Cuidar é despertar a crença no poder e na capacidade de crescimento e de desenvolvimento de cada ser. É confiar que todo ser pode aprender, pode evoluir e pode dinamizar o bem.

Cuidar é estender a mão para levantar quem caiu num tropeço.

Cuidar é colocar unguentos nas feridas e nos machucados do outro ser.

Cuidar é acalentar o sono do ser que cansado precisa de um embalo para relaxar e sonhar.

Cuidar é oportunizar momentos para o outro manifestar os dons recebidos por Deus.

Cuidar é libertar a si mesmo e o outro das amarras do medo, das garras de suas limitações, das correntes dos vícios, das prisões, que a sociedade impõe, nas armadilhas da mídia.

Cuidar é oferecer ao outro novas lentes para enxergar a grandiosidade e o amor de Deus.

Ninguém como Higino, o poeta grego que viveu 47 anos antes de Cristo, expressou melhor a importância do cuidado em nossa vida, ao simbolizar tão bem tudo, numa fábula. Já cita-

• QUEM AMA, CUIDA!

mos essa fábula noutro livro de nossa autoria[1]. Aprendemo-la com Goethe, com Heidegger, com Leonardo Boff e escolhemos a tradução do mestre pernambucano Zeferino Rocha, que aqui reproduzimos:

Cuidado, ao atravessar um rio, viu uma massa de argila e, mergulhado em seus pensamentos, apanhou-a e começou a modelar uma figura. Enquanto deliberava sobre o que fizera, Júpiter apareceu. Cuidado pediu-lhe que desse uma alma à figura que modelara e, facilmente, conseguiu. Como Cuidado quisesse dar seu próprio nome à figura que modelara, Júpiter o proibiu e lhe ordenou que fosse dado o seu. Enquanto Cuidado e Júpiter discutiam, apareceu a Terra, a qual quis igualmente que fosse dado seu nome a quem ela dera o corpo. Escolheram Saturno como juiz e este, equitativamente, assim julgou a questão: "Júpiter, porque lhe deste a alma, tu a receberás depois da morte. Tu, Terra, porque lhe deste o corpo, tu a receberás, quando ela morrer. Todavia, porque foi Cuidado quem primeiramente a modelou, que Ele a conserve enquanto ela viver. E agora, uma vez que existe entre vós uma controvérsia sobre seu nome, que ela se chame Homem, porque foi feita de húmus (terra)[2].

O viver a dimensão humana em sua plenitude requer cuidado sempre: cuidado com o corpo, com a alma, com o espírito, com os valores e com tudo o que compõe o ser humano, nesta sinfonia inacabada que entoa hinos ao Criador. Em nosso tempo, temos descuidado muito do ser humano que somos e com os quais vivemos. A fábula de Higino, de forma poética, revela-nos a importância fundamental de recuperarmos o verdadeiro valor do ser humano. Que o Senhor ajude-nos a cuidar de nós mesmos e de todos os seres com os quais Ele nos presenteia em nossa existência.

---

[1] FERNANDES, MARIA NILZA. *Educação para a Plenitude.* 1ª ed. São Paulo: Ed. Biblioteca 24 horas, 2012.

[2] ROCHA, ZEFERINO. *Revista de Filosofia.* Belo Horizonte, vol. 38, n. 120, janeiro--abril, 2011, p. 71-90.

2
CUIDAR DE DEUS

Um cientista atual, Francis Collins, declara:

> Eu sou um cientista e crente e não vejo qualquer conflito quanto a isso. Como diretor do Projeto do Genoma Humano, conduzi um consórcio de cientistas para ler as 3,1 bilhões de letras do genoma humano, nosso próprio livro de instruções de ADN. Como crente, eu vejo o ADN, a informação molecular de todas as coisas vivas, como linguagem de Deus, e a elegância e complexidade dos nossos próprios corpos e o resto da natureza como reflexo do plano de Deus.

A pediatra antroposófica Michaela Glöckler, considerando a Salutogênese[1], novo ramo da ciência, estabelece como primeiro princípio fundamental da saúde física, anímica e espiritual o cultivar conscientemente uma relação com Deus e o mundo espiritual: "Eu estou em Deus e Deus está em mim". Este princípio coincide com a visão cristã da relação humana com o Ser Superior. Jesus disse: "Conhecereis que eu estou no Pai, e vós em mim e eu em vós" (João 14,20). E mais adiante:

---
[1] PELIZZOLI, MARCELO et al. *Os Caminhos para a Saúde*: integração mente e corpo. Petrópolis: Ed. Vozes, RJ, 2010, p. 186.

• 13

2. CUIDAR DE DEUS •

"Se alguém me ama, guardará minha palavra e meu Pai o amará, viremos a ele e faremos nele nossa morada" (João 14,23).

A mesma autora, no seu texto *As fontes da saúde física, psíquica e espiritual*, cita uma cena do *Arquipélago de Gulag*, do autor russo Soljenitsine: quando um soldado russo está prestes a pisar-lhe o rosto com uma bota suja, está ele deitado no chão, vê aquela bota aproximar-se e pensa neste momento: "Podes, sim, destruir meu corpo, mas ao meu espírito não chegas". "A certeza de que somos corpo e espírito está intrínseca à condição humana."

"O recurso de resistência mais forte é a vivência de Deus, diz a autora, a vivência mística, ou também a vivência da própria identidade como Eu, como ser eterno."

A Ciência e a Religião coincidem na certeza de que o essencial é cuidar de Deus em nós.

"Compreende-se que é de Deus que devemos cuidar, daquilo que não é doentio nem mortal em nós."

Cuidar de Deus em nossa vida é disponibilizar todo o ser para crer, confiar, amar e homenagear nosso Deus, Único Criador de todos os seres e do Universo.

Hoje, muitas vezes, perdemo-nos diante dos mandos ditatoriais da moda e do sistema capitalista, que impõem conceitos individualistas e massificados, que acabam por criar barreiras na relação do homem com Deus.

Confusos, por vezes, hesitamos de um ao outro lado do extremo: ora encontramo-nos numa baixa autoestima, ora saltamos para a arrogância de nos superestimarmos, sem saber reconhecer a grandiosidade de Deus. O equilíbrio está em construirmos nossa humildade para sermos capazes de discernir que nossa inteligência tem limites claros e definidos, e não podemos, então, achar que os mistérios de Deus podem ser entendidos por nós.

É identificando o real tamanho de nosso ser, com capacidade e inteligência que nos foram presenteadas pelo Senhor, que poderemos alcançar a firmeza de sentirmo-nos importantes filhos de Deus, Todo-Poderoso. Sendo humildes, não vamos cair no engodo de procurar explicações lógicas para as determinações do Pai Eterno.

• QUEM AMA, CUIDA!

Há pessoas que se atormentam procurando justificativas para o fato de Deus permitir que nasçam aleijados, deficientes físicos e mentais, para as misérias existentes no mundo que não são corrigidas pelo Criador Todo-Poderoso. A ternura de Deus é especial e original para cada ser. Quem sabe os deficientes e necessitados são assim para que sejam proporcionados mais momentos de receberem afeto, atenção e carinho de outros seres que estão ao seu redor?

Haverá alguém na Terra capaz de compreender a Inteligência, a Sabedoria, a Bondade e o Amor de Deus?

É muita pretensão um ser humano querer explicar para si ou para outrem os desígnios e as escolhas de Deus.

Não existe outro lugar na Terra para encontrar Deus, a não ser no coração e no espírito purificado do ser humano.

Temor a Deus é a atitude de respeito, humildade e veneração diante do mistério que nos ultrapassa.

"Apreender Deus é saber que é inapreensível, vê-lo é ver que é invisível", alerta-nos Fílon, o terapeuta de Alexandria.

A parábola que Jesus narrou dos "Trabalhadores da vinha" é um aviso de que precisamos reconhecer nossa pequenez e não querer julgar as criações e determinações de Deus.

Mateus 20,1-16:

> Porque o Reino dos céus é semelhante a um fazendeiro que, logo de manhã, saiu para contratar trabalhadores para sua vinha. Combinou com eles que pagaria um denário por dia e mandou-os para a vinha. Pelas nove horas saiu e viu mais alguns na praça sem fazer nada e disse-lhes: "Ide vós também para minha vinha e vos darei o que for justo". Eles foram. Lá pelo meio-dia, como também pelas três da tarde, o fazendeiro saiu de novo e fez o mesmo. Pelas cinco da tarde, saiu ainda e, encontrando outros que lá estavam, disse-lhes: "Por que estais aqui o dia todo sem trabalhar?" Eles responderam: "Por que ninguém nos contratou". Disse-lhes ele: "Ide também vós trabalhar em minha vinha". Ao cair da tarde, o dono da vinha falou ao seu administrador: "Chama os trabalhadores e paga-lhes o salário, começando dos últimos até os primeiros". Chegaram os das cinco horas da tarde e cada um recebeu um denário. Chegada a vez dos primeiros, eles pensaram que iriam receber mais. Mas receberam também um denário. Ao recebê-lo, reclamavam contra o fazendeiro, dizendo: "Esses últimos trabalharam apenas uma hora, e dás a eles a mesma quantia que a nós que carregamos o peso do dia e do calor".

• 15

2. CUIDAR DE DEUS •

Respondeu o fazendeiro a um deles: "Meu amigo eu não estou sendo injusto contigo. Não combinaste comigo um denário? Toma o que é teu e vai. A esse último quero dar o mesmo que a ti. Não tenho o direito de fazer com meu dinheiro o que eu quiser? Ou tens inveja porque eu sou bom? Assim os últimos serão os primeiros e os primeiros os últimos".

Cuidar de Deus, portanto, é estarmos atentos para aceitar, sem reclamos, as permissões do Senhor para os infortúnios, as dores, as limitações de cada ser humano que somos e que encontramos em nossa caminhada, sempre atentos para as ocasiões de praticarmos o amor que o Senhor nos ensina e deseja de cada um.

Cuidar de Deus é priorizar os momentos de louvor e gratidão ao Senhor pela vida, pelas maravilhas com que Ele nos presenteia e à Natureza.

Cuidar de Deus é respeitar e oferecer ternura a todas as criaturas do Senhor sem distinção, sem julgamentos, lembrando-nos sempre de que são produtos do Criador que, como Pai, gosta que tratemos, com carinho, todos de sua grande família.

Cuidar de Deus é disponibilizar momentos de cada dia para tentar escutar o que o Pai quer, bem como as lições que Ele nos dá.

Cuidar de Deus é abrir os olhos para enxergar as fumaças dos incêndios, que provocamos na vida do outro, e tentar corrigir os estragos.

Cuidar de Deus é buscar caminhos para aproximar nosso espírito dos raios luminosos do Espírito Santo.

Cuidar de Deus é atentar com esmero para as descobertas dos dons que recebemos e das dádivas divinas, que nos foram conferidas para que ajudemos o próximo. Ah, Que bom será se soubermos cuidar de Deus, nosso Deus, sempre!

3
CUIDAR DO PRÓPRIO SER

Aqui, não divagamos sobre o conceito filosófico de ser, mas detemo-nos tão somente no entendimento simples de que ser é o manifestar de todas as características peculiares a cada indivíduo: suas qualidades, seus defeitos, suas habilidades, suas limitações, suas convicções, suas incompreensões, suas adesões, suas repulsas, suas crenças e descrenças, suas esperanças e seus desesperos, sua consciência, seu pensar a vida e os significados que formula. Enfim, tudo aquilo que desenha a forma de sua própria existência. Assim pode-se dizer: João é – existe como pessoa peculiar e única no Universo. Importa considerar a identidade de cada um.

Vivemos o momento em que o grande avanço da tecnologia tem impactado a procura que cada um deve fazer de si próprio, para encontrar o esboço fundamental de sua pessoa, peculiar e original. Em meio à dificuldade de se reconhecer pertencente ao gênero humano, com as características e dotes de inteligência, sensibilidade, necessidade de se relacionar com o semelhante, estruturado para assumir sua evolução, o indivíduo tem sucumbido na tentativa de encontrar-se, como ser original e único na

• 17

3. CUIDAR DO PRÓPRIO SER •

imensa criação de Deus. As dificuldades em sentir-se gênero humano manifestam-se, por vezes, na resistência em reconhecer-se na completude: corpo e espírito, razão e afetividade e até mesmo na definição de sua sexualidade segundo os parâmetros do nascimento homem ou mulher. Mergulhados na confusão de conceitos estereotipados, que a mídia e todo o aparato tecnológico vomitam, no dia a dia de cada um, fica cada vez mais difícil descobrir como salvaguardar a identidade e o desenho próprio de cada ser. A existência humana tem sido desvinculada da sua origem, não só familiar, mas também da condição de membro do gênero humano. O indivíduo pode não ter uma família, mas tem necessidade maior de se ver pessoa humana. Observa-se que esse *anular* da própria espécie tem provocado problemas psíquicos do sentir-se abandonado, separado de qualquer fonte semelhante, um ser largado por deserção, que causa por vezes carência, alienação e até depressão.

A humanidade não tem sabido lidar com o surpreendente avanço tecnológico e o respeito ao gênero humano. O balanço que contrapõe as novas invenções tecnológicas ao inexorável valor de ser gente tem sido bastante desfavorável a nós pessoas humanas.

Se a consideração a nossa espécie, gênero humano, tem sido esquecida, mais ainda a de filhos de Deus, Criador do Universo e de todos os seres. É fundamental analisar as consequências da orfandade em que muitas vezes nos colocamos, porque não é possível a descoberta do próprio ser sem pensar nos frutos da criação divina. Não é possível sentir a própria energia vital, sem auscultar a relação do próprio espírito com Deus. Não é possível acordar a própria consciência se não encontramos os valores e as leis divinas que nos chegaram pela tradição.

Surge, então, a necessidade de edificarmos alicerces para nortear a busca de nós mesmos. É imprescindível para a sanidade individual e social que nos encontremos em nossa dimensão própria, para podermos construir a trajetória da evolução múltipla do corpo e do espírito, do viver harmonioso de amor e da solidariedade, traços inerentes a nossa espécie. Desdenhar a inclusão no gênero humano é nos admitirmos como uma aberração.

• QUEM AMA, CUIDA!

Quais são os cuidados do pensar e do agir que podem nortear a busca do próprio ser? Acreditamos na força do pensamento para direcionar o agir. É o pensamento que antecede ao desejo, à vontade e à ação. Antes de desejar qualquer coisa o homem preconcebe o objeto desejado. Os neurônios cerebrais desenham a imagem que aguça seu querer. Também a vontade é comandada pelo pensamento que estabelece as prioridades a serem seguidas pela ação. A força que age sobre a vontade é a do pensamento. É evidente então que o pensamento tem de ser trabalhado, disciplinado para que a pessoa humana possa ser coerente à sua condição. Vale a pena refletirmos sobre como trabalhar o pensamento para usá-lo a favor de nosso crescimento.

"O chamado sistema nervoso autônomo pode ser condicionado pelo pensamento a funcionar conforme parâmetros estabelecidos (consciente ou subconscientemente)", afirma Dr. Júlio Antunes Barreto Lins. Esse autor apresenta reflexões e experiências muito importantes sobre o uso da imaginação, da meditação e do condicionamento para direcionar melhor a atenção para possibilitar mudanças e evocar o bem-estar, até mesmo para criar emoções e valores, tanto nas pessoas normais como nas portadoras de transtornos mentais.

Se conseguirmos entender-nos como um todo, que além do corpo temos um espírito e uma mente, que podemos usar o pensamento, a imaginação, a oração e a meditação para integrar-nos, em toda a nossa dimensão e à dimensão do Universo, poderemos cultivar uma imagem positiva que servirá como antídoto a toda situação aflitiva emocional ou de doença do corpo.

Acreditamos que deve haver uma hierarquia de preferências na ordem de pensamentos que formulamos. A preferência inicial deve ser o pensar em Deus, Pai Todo-Poderoso, Fonte da vida e da evolução, que se revela sempre que buscado por nós, quer por meio dos livros sagrados, quer em nossa consciência; que se manifesta, silenciosamente, antes de nosso agir. São tantas as maneiras e situações em que pensamos em Deus. Muitas vezes, é um pensamento que flui, automaticamente, sem haver necessidade de direcionar a mente. Outras vezes, é importante

• 19

3. CUIDAR DO PRÓPRIO SER •

que encaminhemos nosso pensar para o Senhor: são os momentos de gratidão, de angústia, de dúvidas, de medo, bem como aqueles em que nos debruçamos para planejar algo.

Na sequência, é importante pensarmos espécies humanas, pessoas de uma época e um espaço no Universo, que nos dá a certeza de que não estamos sós: recebemos e oferecemos solidariedade, amor e afeição. Compartilhamos a energia múltipla e vital dos humanos e das relações, também, com os reinos animal, vegetal e mineral. Vibramos ante as vitórias vencidas pelas gerações passadas e pelas atuais. Lamentamos os erros praticados pelos antigos e prevenimo-nos para não os repetir e sofrermos os mesmos males.

Cuidar do próprio ser começa, então, por adquirir domínio sobre o pensar.

Perguntamos: Será a disciplina do pensamento o grande trunfo para a conquista da felicidade?

Aquele que controla e direciona seus pensamentos tem a possibilidade de escolher o que lhe apraz. Pode reconhecer o que corresponde à sua natureza. Pode optar por usar a energia mental para o bem, o belo e o agradável. Pode pensar o céu, Deus Criador; pode pensar as maravilhas da criação divina; pode satisfazer sua sede natural de conhecer o bom, o herói, o santo de hoje e de outros tempos.

O pensar humano é tendente para a perfeição e santidade. Quando desdenhamos essa aptidão de nossa natureza, então, deixamo-nos confundir com as notícias dos crimes e anormalidades dos psicóticos e loucos. É preciso rechaçarmos o mal e as anormalidades para proteger-nos diante da impossibilidade de intervir nas insanidades. E, quando assim agimos, damos espaço para florescer o bem, as boas ideias, os julgamentos benevolentes e o amor. Temos de assumir as nossas escolhas no pensar. Este é um bom começo para cuidar do próprio ser.

Cuidar do próprio ser é estarmos constantemente acordados para o potencial de dons que Deus nos confere. Quantas vezes deixamos de nos arriscar numa nova habilidade ou dom, porque nossa vaidade teme o fracasso. Esquecemos que são os treinamentos e o empenho que frutificam as criatividades e o esmero no fazer uma obra de arte ou inventar algo.

• QUEM AMA, CUIDA!

Cuidar do próprio ser é despertar para a grande capacidade de mudanças evolutivas que temos e atentar para que direção podemos caminhar para desenvolvermo-nos.

Cuidar do próprio ser é pesquisar falhas cometidas que bloqueiam nosso desenvolvimento pessoal e social e tentar corrigi-las.

Cuidar do próprio ser é desenhar, com capricho, o esboço das qualidades e características que queremos ter para nortear nosso agir.

Cuidar do próprio ser é avaliar, constantemente, o jeito de nos relacionarmos com Deus e com o próximo.

Cuidar do próprio ser é construir um tempo diário para sentir nosso eu e as dimensões que ele ocupa em nossas atividades para nosso bem e o bem de toda a humanidade.

Cuidar do próprio ser é sentir amor por nós mesmos e não permitir que nossa dignidade seja atingida.

Cuidar do próprio ser é procurar sempre nos relacionar com Deus e tudo o que diz respeito ao Ser Superior.

Cuidar do próprio ser é nos mantermos sempre com uma autoestima elevada e não permitir depressões ou que alguma situação difícil altere nossa esperança e nosso estado de humor.

4
CUIDAR DO ESPÍRITO

Somos a imagem e semelhança de Deus, que ramifica sua presença em cada ser humano, e isto se dá no espírito, que mais nos aproxima do Criador. Afinal, o espírito é o elemento em nós que nos dá a capacidade de um relacionamento íntimo com Deus.

Etimologicamente *spiritus* significa respiração que se dá com o sopro Divino.

E como cuidar do espírito?

Acreditamos que cuidar do espírito começa pela construção da fé. Ter a capacidade de crer no que não se vê e que transcende à própria pessoa. Jesus dizia: "Felizes os que não viram e creram".

Construir uma fé não é tarefa fácil. Diz-se que a fé é um dom de Deus. Mas esse dom manifesta quando solicitado, procurado. Na verdade, todo dom só se revela quando despertado, procurado e exercitado. Posso ter um dom artístico, mas nem o perceber, se não me proporciono oportunidades de desabrochá-lo. Se procuro estudar música e tocar um instrumento, esse dom pode se revelar no grau e intensidade com que me dedico para desenvolvê-lo. Assim também acontece com fé. Nascemos com um pavio de fé pronto para ser aceso, numa chama mais ou menos intensa. Há pessoas

• 23

4. CUIDAR DO ESPÍRITO •

que estão sempre apagando qualquer chama que surge em seu espírito, valendo-se frequentemente de seu viver lógico, puramente racional. Esquecem-se de que todos nós somos também coração, afeto e amor. Um ser que dá atenção apenas à razão mutila-se, corta, em si, os elementos que Deus nos deu para sermos pessoas. Conquistar a fé se faz pela escuta de Deus. Não conseguimos escutá-lo em nós mesmos, se não nos voltamos para isso, se não nos aquietamos em silêncio, do exterior e da alma, para ouvir as falas sublimes de Deus no fundo do coração. É preciso procurar as realidades que não são palpáveis, não são concretas e não atingem os nossos sentidos. A fala de Deus toca os sentimentos, as emoções, o coração e finalmente o espírito.

Na Bíblia há, muitas vezes, apelo de Deus: "Escuta, Israel" (shema, na expressão hebraica).

"Escutar é o começo da saúde mental; é também o começo da salvação."

Precisamos escutar Deus também nos textos sagrados, no silêncio de nossa alma, nos fatos que se dão em nossa vida e também na presença do outro.

Tudo o que acontece tem mais significações do que percebemos num primeiro instante. Os que se apegam apenas às significações da evidência lógica e racional não alcançarão as dimensões mais profundas de cada acontecimento. Por vezes os mais astutos e menos materialistas vêm descobrir novos sentidos nos fatos, senão imediatamente, posteriormente, ainda que mais atrasados. Os que têm fé apreendem significações diversas e mais ricas dos fatos mais rapidamente, quase instantaneamente.

Lembremo-nos de uma parábola que ilustra os diferentes tipos de pessoas em relação à fé.

Contam que certa vez um rei saiu a caçar com todo o séquito de subordinados. Lá pelas tantas, ele, acompanhado de seu assessor mais próximo, avançou pela floresta adentro e se perdeu do grupo. Cansado e com fome, parou debaixo de uma árvore para descansar e queixou-se de muita fome. Seu assessor, querendo ajudá-lo, subiu em uma árvore e colheu alguns frutos e entregou-lhe com uma faca afiada para descascá-los. Ao usar a faca, o rei cortou um dedo profundamente e, gritando de dor, esbravejou, ao que o ajudante comentou: "Deus sempre escolhe o melhor".

• QUEM AMA, CUIDA!

Aquela frase irritou o rei, que aos gritos expulsou o assessor, dizendo: "Saia da minha frente, imbecil! Eu estou aqui a morrer de dor e você me vem com suas falas piegas! Some! Some da minha frente!" O ajudante afastou-se do rei, que ficou sozinho, lamentando sua sorte. Pouco tempo depois surgiram dois canibais que estavam à procura de vítimas para oferecer aos seus deuses. Alegres anunciavam que iriam sacrificá-lo para oferecê-lo aos deuses. Amedrontado, o rei protestava e dizia: "Eu sou rei. Vocês não podem fazer isto comigo. Eu governo uma nação". Os canibais se alegravam mais dizendo: "Encontramos uma vítima que vai agradar muito aos deuses, pois é uma vítima especial e importante!" Felizes amarraram-no, amordaçaram-no e o levaram para o local, onde preparavam a fogueira, ao som de música e batidas de tambores, para oferecerem o sacrifício aos deuses. De repente, um sacerdote vendo o dedo ferido do rei gritou: – "Suspendam! Esta vítima está ferida! Para os deuses a vítima tem de estar perfeita".

Soltaram o rei, que voltou para a floresta, lembrando-se do que seu assessor havia lhe dito: "Deus escolhe sempre o melhor". Arrependido de ter expulsado seu funcionário, embrenhou-se pela mata à procura do amigo. Encontrando-o, pediu-lhe desculpas e reconheceu que Deus escolhe sempre o melhor, pois não fosse seu dedo ferido, ele estaria morto. O assessor replicou: "Não precisa me pedir desculpas. Não fosse ter me expulsado, eu teria sido sacrificado no seu lugar, pois não tenho ferida alguma", e confirmou: "Deus escolhe sempre o melhor para nos proteger e revelar seu amor".

Essa parábola demonstra a diferença de atitude do que tem fé e confia em Deus e do pragmático e racional que só enxerga o óbvio e lógico à sua frente.

Quem constrói a fé para si aprende a ver, em todos os acontecimentos, senão uma riqueza imediata, a esperança ou as explicações futuras em novos fatos.

Entre os exemplos de fé vividos por seres humanos, o mais marcante e que mais agradou a Deus foi sem dúvida o de Abraão. Colocando-o à prova, Deus pediu que ele oferecesse em holocausto seu único filho, que tanto amava. Abraão, porque confiava no Senhor, não hesitou. Levantou-se de manhã cedo, selou seu jumento, tomou consigo seu filho Isaac, rachou lenha para o holocausto e pôs-se a caminho da terra de Moriá, lugar que Deus lhe havia indicado para o sacrifício.

• 25

4. CUIDAR DO ESPÍRITO •

No terceiro dia, erguendo os olhos viu de longe o lugar. Tomou a lenha para o holocausto e colocou-a sobre seu filho Isaac. Tomou nas mãos o fogo e a faca e continuaram os dois juntos na caminhada. Isaac perguntou ao seu pai: "Meu pai, temos aqui o fogo e a lenha, mas onde está o cordeiro para o holocausto?" Abraão respondeu: "Deus mesmo providenciará o cordeiro para o holocausto, meu filho". Continuaram os dois a caminhar juntos. Assim que chegaram ao lugar que Deus havia indicado, Abraão construiu um altar, colocou nele a lenha, amarrou seu filho Isaac e o colocou sobre o altar, em cima da lenha. Depois estendeu a mão e tomou a faca para imolar seu filho. Mas Deus o chamou: Abraão! Abraão! Respondeu ele: "Eis-me aqui". Deus disse: "não estendas a mão contra o menino e não lhe faz mal algum! Agora, sei que me amas, pois não me recusaste teu filho, teu único filho".

Então Abraão ergueu os olhos e viu um carneiro preso pelos chifres num arbusto. Abraão pegou o carneiro e o ofereceu em holocausto, em lugar de seu filho. Deus chamou-o pela segunda vez e lhe disse: "Porque fizeste isso e não me recusaste teu filho, eu te abençoarei com toda a bênção e tornarei tão numerosa tua descendência como as estrelas do céu e como a areia da praia do mar. Serão benditas por tua descendência todas as nações da terra, porque demonstraste o teu amor".

Nós somos a descendência de Abraão, mas não seguimos seu exemplo em nada.

Fé é a certeza de que Deus nos ama. Abraão tinha esta certeza. Deus esbanja sinais de seu amor por nós a cada momento: o dom da vida, que nos concede as maravilhas da Natureza a nosso redor, os milagres que nos acontecem, o perdão que nos confere, tudo é demonstração do amor divino, que ignoramos. A fé e o amor estão sempre intricados. Se não temos fé, é porque não temos amor e não temos convicção do amor de Deus. Assim, não saberemos cuidar nem mesmo de nós, nem do espírito, nem do corpo.

Perguntemo-nos: Quantas vezes nos preocupamos em desenvolver nossa fé? Que estamos fazendo para isso?

Vem à nossa mente a ideia de que, se procurássemos estudar os textos dos livros sagrados, estaríamos tendo uma grande ajuda para fazer crescer nossa fé e nosso espírito. E é preciso aprender a ler os

• QUEM AMA, CUIDA!

textos sagrados. Todos eles têm verdades inspiradas por Deus, mas têm, também, muito da cultura da época em que foram escritos. Têm muito do inconsciente coletivo da civilização em que floresceram. Têm muito do inconsciente pessoal dos que narram os episódios. Enfim, ao lado das verdades divinas há muita projeção das culturas antigas, dos profetas e personagens da Antiguidade. Não podemos interpretá-los ao pé da letra. Transpondo-os para nossa época e nossa civilização é possível comparar situações, adequar exemplos que se assemelham e assim captar a voz divina, como conselhos para nosso agir. Histórias do Antigo Testamento, como a de José do Egito, de Rute, de Tobias, de Ester e muitas outras, bem como os Salmos, apresentam-nos fortes mensagens sobre a lealdade e o amor de Deus, os conceitos de justiça e bondade que devemos seguir. Vale a pena também a leitura do Eclesiastes e do Eclesiástico, e o livro da Sabedoria, cheios de reflexões sobre a vida prática do dia a dia. No Novo Testamento, as parábolas são lições maravilhosas que o Mestre Jesus nos ensina para todos os tempos. Também os sermões de Cristo, como o da Montanha, são palavras para todas as épocas. Muitas são as lições que encontramos nos livros sagrados que nos ensinam a orar. É orando e, com muito empenho, que podemos desenvolver nosso espírito.

Não conhecemos bem os outros livros sagrados do budismo e do hinduísmo, mas sabemos que todos eles têm as mesmas características da Bíblia. Contém verdades, mas também muitos costumes e formas de viver da época e civilização em que surgiram. Infelizmente ainda há povos que tentam segui-los tal como estão escritos, sem interpretá-los de forma adequada à evolução dos tempos.

Se em tudo que existe há dimensões maiores que nossa capacidade de enxergar, de maneira especial são as verdades e riquezas espirituais encobertas pelas palavras e fatos.

A história de Abraão é a maior lição que a Pedagogia de Deus nos oferece: um amor incondicional que fortalece uma confiança absoluta em Deus.

Entendemos que o sacrifício de Cristo na cruz é uma réplica do episódio de Abraão, no empenho de Deus em nos ensinar o que é o amor verdadeiro e o sentido real da vida. E como relutamos em aprender as mensagens do Pai!

4. CUIDAR DO ESPÍRITO •

Pensamos que, se aprendermos a cuidar dos outros e de nós mesmos, estaremos iniciando o amor e o desenvolvimento de nosso espírito.

Cuidar do espírito é também procurar, nas falas e situações em que o outro está envolvido, dimensões que extrapolam as palavras pronunciadas e os fatos concretos. O sentido de tudo, muitas vezes, não se revela imediatamente e precisamos despertar nossos sentimentos e nosso coração para captar as riquezas que se camuflam nas simples aparências. Até o tom das vozes pode alterar os verdadeiros significados. Importa atentarmos para a presença divina que pode estar escondida por trás dos semblantes e dos acontecimentos.

Viver o espírito é deixá-lo presente em todas as nossas atitudes. Se assim fazemos, é mais fácil invocar o Espírito Santo, a presença divina que sempre está esperando que a percebamos.

Acreditamos que vale a pena clamar sempre: Vem, Senhor, com teu Espírito! Toma posse de nossa vida! Nós te rogamos!

A oração contínua, em todos os momentos da vida, o diálogo sincero e confiante com o Senhor é o maior recurso para desenvolvermos nossa fé e nosso espírito.

5
CUIDAR DO CORPO

O corpo é a morada do espírito, que Deus nos deu a partir de seu sopro em nossa alma. É a maior maravilha da criação, que encanta cada um que se empenha em conhecê-lo. Ser perfeito ou aleijado, não importa: todos são obras da arte divina e revelam sua beleza no brilho dos olhos de quem cultiva o espírito e nos movimentos ritmados, segundo o amor que lhe dedicam. O rosto e o esqueleto disformes também revelam beleza, quando são aceitos e amados e, ao serem amados, manifestam nos gestos a energia e o brilho num conjunto harmonioso. Cada corpo humano é obra especial de Deus. Não há cópia idêntica nem mesmo entre os gêmeos univitelinos. Importa conhecer o corpo, em seus sistemas internos, que o fazem funcionar como uma rede perfeita de computadores e com recursos ainda não totalmente conhecidos pela ciência; conhecê-lo no composto de sistemas externos que denotam sua peculiaridade e originalidade.

    Rollo May fala da coragem física, ou seja, uma forma de coragem que é o desenvolvimento da sensibilidade corporal. Esse tipo de coragem envolve a capacidade de aprender a ouvir o corpo. O corpo como

5. CUIDAR DO CORPO •

forma do eu se empatizar, como uma fonte de beleza e prazer, e não como um meio de agressão a ele mesmo ou ao outro.

Hoje, felizmente, a medicina mente-corpo está nos apresentando uma perspectiva muito mais promissora que a tradicional. Começa-se a constatar que o corpo não pode ser tratado como algo totalmente independente da mente, das condições psíquicas, e que a emoção, os sentimentos e as vibrações espirituais têm igual ou maior peso nas manifestações do corpo físico. É o corpo que, contendo a orquestra de órgãos, canais, agrupamentos de células, em redes e invólucros, executa as sinfonias, sob a regência da mente, com solo, ora das emoções, ora dos sentimentos, ora do espírito.

Alegramo-nos por saber que os cientistas, que se dedicam a pesquisas nessa linha, mente-corpo, constatam que o sistema nervoso autônomo e muitas manifestações do organismo podem ser condicionados pelo pensamento.

Antes de refletirmos sobre essas conquistas científicas, entendemos que precisamos considerar que a primeira preocupação de quem tem consciência de seu complexo corpo e espírito, razão, emoções e sentimentos, é averiguar até que ponto conhece seu próprio corpo. Encontramos muitas pessoas que desconhecem tanto seu próprio corpo que, por vezes, não sabem identificar nem mesmo onde está sentindo dor ou outra sensação qualquer.

Vale a pena se perguntar: sou capaz de sentir cada parte de meu corpo? Aceito-o como ele é, na sua conformação harmoniosa ou defeituosa? Tenho consciência de minha originalidade, do jeito peculiar e único que Deus me concebeu? Tenho afeto e disposição para aceitar cada parte do meu corpo, apesar de alguma parte não corresponder aos parâmetros da moda atual?

Tenho cuidado de meu físico de forma equilibrada ou submeto-o a estresses e maus-tratos em academias e treinos exagerados?

Analisar e sentir, pormenorizadamente, cada parte do corpo deve ser para desenvolver uma atitude carinhosa de aceitação plena de sua originalidade. É bom advertir-nos que procurar anomalias, defeitos ou doenças é muito pernicioso à saúde física e mental.

• QUEM AMA, CUIDA!

Quem quer amar a si próprio pode começar por amar e cuidar do corpo. Se o conhecemos bem, podemos associar nossas emoções e sentimentos ao jeito próprio que ele os acolhe. Então poderemos ter uma vida mais equilibrada, mais saudável e harmoniosa com o Universo. O corpo conhecido e amado pode integrar-se melhor ao ambiente onde vive e captar as boas energias, desvencilhando das maléficas e, principalmente, conectar--se ao espírito. O corpo está ligado à mente. Buda dizia: "Todos os fenômenos são precedidos pela mente; quando a mente é compreendida, todos os fenômenos são compreendidos". Eis por que a Medicina mente-corpo é uma esperança forte para a humanidade. Chegou o momento de pensarmos o corpo como parte do Universo, onde tudo está ligado.

"A Física quântica ensina que nada é fixo. Tudo é energia vibrante e em mutação. Toda intenção e todo desejo criam vibrações no campo quântico." Então, é preciso valermo-nos do espírito, da mente, dos recursos naturais, das técnicas de meditação que nos colocam em possibilidade maior de comandarmos a mente e sentirmos as vibrações espirituais e a Natureza. "Cada ser humano faz parte de um todo e influencia este todo, quer tenha consciência disso ou não, pela maneira como lida interior e exteriormente consigo próprio e com outras pessoas", diz-nos Rudolf Steiner.

A medicina mente-corpo, englobando a sabedoria milenar da humanidade, a Física Quântica, a Filosofia Antroposófica e o novo ramo da Ciência a Salutogênese, vem abrindo perspectivas inovadoras.

A Salutogênese estuda a origem da saúde física, anímica e espiritual, opondo-se à Patogênese (origem da doença), e tem por objetivo chamar atenção das pessoas para as fontes da saúde e da cura, nos níveis individual e social. Esta Ciência vem demonstrando que é possível desenvolvermos a capacidade de transformar os processos heterostáticos em homeostáticos, capacidade humana de ir ao encontro do estranho e do conflito, fortalecendo-nos nesta interação, o que pode nos levar a aprender a lidar com o estresse e não apenas evitá-lo, por exemplo.

É uma postura adequada ao tipo de vida que muitos de nós vivemos: não se trata de fugir das dificuldades, mas de aprender a vencê-las. Não se procuram soluções externas ao corpo com medica-

• 31

5. CUIDAR DO CORPO •

mentos causadores de desequilíbrios do organismo, mas se aprende a usar a mente, a consciência e o organismo para se construir ou recuperar o equilíbrio do funcionamento do corpo e do espírito. A partir dos experimentos da Física Quântica, que reconhece a relação da consciência com o mundo material, podemos compreender a relação entre a consciência, a mente e o organismo. Talvez, considerando-se, a maior das descobertas neurofisiológicas do século seja o poder de, consciente e premeditadamente, treinarmos nosso cérebro para manifestar qualidades humanas superiores, como a compaixão, amor etc. E por saber que podemos, temos então a responsabilidade de nos treinarmos para tal.

É de admirar a descoberta da conexão entre condicionamento, sistema nervoso, valores humanos e bem-estar. Ressalte-se a relação recíproca entre imunidade e sistema nervoso. Robert Ader descobriu que ao dar uma bebida açucarada e logo após uma droga (cilofosfamida) a ratos, com o objetivo de provocar enjoos, eles reagiam com baixa imunidade à droga e adoeciam. Os ratos, quando voltavam a receber a bebida açucarada, mesmo sem a substância droga, tinham sua imunidade reduzida, devido ao condicionamento. Esses experimentos demonstram a inter-relação psiconeuroimunológica.

"Considerações, como as acima relatadas, despertam-nos para verificarmos que a postura ideal para se cuidar da saúde não admite avaliações isoladas do corpo separado da mente e do espírito." A mente pode influenciar a realidade física, não só por vias metabólicas ligadas ao cérebro, mas também diretamente na intimidade da composição subatômica da matéria e da energia. "A relação causal não é só ascendente (ou seja: partículas influenciam átomos, que influenciam moléculas e estas as células cerebrais que influenciam a consciência), mas também descendente (a consciência influencia até as partículas)"[1].

Assim sendo, evidenciamos que os cuidados com o corpo devem incluir em igual proporção os cuidados com o espírito.

Sócrates dizia: "Já que não é apropriado curar os olhos sem a cabeça, nem a cabeça sem o corpo, então, tampouco é apropriado do curar o corpo sem o espírito".

---

[1] GOSWAMI, AMIT. *O Médico Quântico*. São Paulo: Cultrix, 2007.

• QUEM AMA, CUIDA!

Persigamos a saúde corpórea e espiritual, em todos os momentos de nossa vida atribulada. Por vezes, em prol do dever no trabalho, desconsideramos o corpo, talvez adiemos uma refeição ou trabalhemos noite adentro para que as coisas avancem.

No entanto é sempre possível conciliar os cuidados com o corpo e os desafios no trabalho, mesmo porque um corpo e uma mente saudáveis produzem melhores resultados.

Conseguir uma vida saudável não é se inquietar com uma mentalidade preventiva, procurando constantemente meios de fazer uma série de exames para diagnosticar doenças. O tão apregoado *checkup* é uma forma de cultuar a doença e não a saúde. O velho ditado: "Quem procura acha" explica muito bem o fato de que a mente e o corpo reagem, solicitamente, à proposta que lhes fazemos: se procuramos doenças, eles tratarão de encontrá-las.

"O sistema médico cria incessantemente novas necessidades terapêuticas. Mas quanto maior a oferta, mais as pessoas creem que têm problemas, necessidades, doenças. Elas exigem que o progresso supere a velhice, a dor, a morte. Isso equivale à própria negação da condição humana", adverte-nos Ivan Illich[2].

Ao lado das pesquisas médicas das doenças é de grande importância às descobertas a Salutogênese, que estuda as origens da saúde global do corpo, da alma e do espírito, possibilitando um novo paradigma para focarmos antes a saúde, que a doença.

Entende-se que a saúde é o resultado do equilíbrio biopsicossocial: do modo adequado de relacionamento do sujeito com a Natureza, com os outros, com a comunidade onde ele vive, consigo mesmo e com Deus.

Aaron Antonovsky, o pai da Salutogênese, em suas pesquisas com sobreviventes do holocausto israelita, descobriu que a hereditariedade e o ambiente não são os únicos fatores determinantes da evolução da pessoa. "Há um terceiro fator de importância fulcral: o fator das relações humanas."

---

[2] PELIZZOLI, MARCELO et al. *Os Caminhos para a Saúde*: integração mente e corpo, Petrópolis, RJ: Ed. Vozes, 2010, p. 179.

5. CUIDAR DO CORPO •

Esse cientista e Abrahan Maslow observaram que as pessoas saudáveis tinham todas passado por grandes sofrimentos e, por vivências espirituais extracorporais, um encontro com Deus, ou outras vivências místicas. Descobriram também que mesmo a alma assolada pela doença psíquica possui um núcleo saudável. "Se conseguirmos fortalecer esse núcleo, a pessoa lidará melhor com os problemas e influenciará mais saudavelmente as pessoas à sua volta."

Quando sente que algo vai errado, a maior parte das pessoas e médicos procura uma causa material e, consequentemente, uma droga bioquímica que obstrua o "que está errado".

"No entanto, se incentivarmos o que está certo", mudando hábitos externos e mentais, esta atitude pode ser fundamental na cura e no bem-estar, pois o que "está certo" na maior parte das vezes pode consertar o que está errado em nosso organismo.

Esse novo campo da ciência da saúde estuda as possibilidades de cura das doenças, pela harmonização de desequilíbrios, o fortalecimento da saúde e resistência do organismo, por meio de várias técnicas que envolvem o trabalho da mente, desde a psicoterapia até o condicionamento do pensamento, a terapia por imaginação e a meditação para criar reações adequadas do organismo, além da vivência de uma vida mais natural, com alimentação de cultivo natural, tratamentos homeopáticos e práticas espirituais.

6
CUIDAR DA BELEZA DO CORPO

A beleza do corpo existe em cada ser humano. Como qualquer característica humana é a manifestação do equilíbrio psicoespiritual. Permitir que ela se manifeste é a arte de quem sabe cuidar de si e do outro e, principalmente, estar desperto para reconhecer os dons que Deus nos concede. Na verdade, importa buscar sempre as maravilhas de Deus e a presença do outro, em todos os momentos de nossa vida, não para seguir a moda, que é sempre impessoal e capitalista, mas com a necessidade de presenciar o belo, o equilíbrio e o agradável.

Há quem pense que pode vestir-se apenas do jeito confortável, sem considerar a beleza, porque o que importa, dizem, é sentir-se bem. Mas é possível e podemos conciliar o conforto e o bem-estar com o belo, mesmo porque, quando nos amamos, cuidamos de nosso ser em todos os aspectos; então nos sentimos bem cuidando da beleza também.

A beleza está sempre nos olhos de quem a aprecia. Se me vejo com bons olhos, encontro beleza em mim. Se olho o outro com olhos de amor vejo sempre o belo no outro.

• 35

6. CUIDAR DA BELEZA DO CORPO •

O velho ditado da sabedoria popular já dizia: "Quem ama o feio, bonito lhe parece".

Hoje, como as pessoas parecem se amar pouco, em algumas situações, poderíamos traduzir esse ditado, dizendo: "Quem não ama o belo, feio lhe parece".

Devemos considerar também que estão ligados à beleza o pudor e a discrição no vestir, porque a exposição exagerada do corpo, a manifestação de falta de pudor, desnudando-se com facilidade, é uma agressão à beleza e à harmonia do ser. O pudor é a vestimenta da dignidade.

E como a beleza se manifesta?

– Por meio das cores, das formas, dos sons e dos perfumes. Usando-se um ou todos esses recursos, podemos transformar qualquer ser humano em belo, basta saber conectar os dons que Deus nos deu às luzes e condições do ambiente.

Todos nós temos partes do corpo bonitas e outras nem tanto. É raríssimo um corpo totalmente perfeito, mesmo porque se assim fosse estaria comprometendo a originalidade, que precisa de algo fora do padrão para ser único! Pode-se ter um aleijão, não importa. Para construir uma aparência bonita e harmoniosa, precisamos conhecer bem o corpo e amá-lo, para escolhermos a vestimenta que realce o que temos de bonito e encubra o menos bonito. Há também aqueles que precisam descobrir algum traço que deve ser realçado para marcar seu jeito peculiar: os olhos oblíquos? O nariz de boneca? Os braços bem conformados? As mãos? Os pés? O pescoço? A voz marcante, aveludada para as mulheres e de timbre forte e viril para os homens? Pode ser o jeito de andar: leve e manso para as mulheres, seguro e forte para os homens. Há muitas formas pelas quais a beleza do corpo se manifesta.

Se conhecemos bem nosso corpo, podemos vestir-nos adequadamente para realçar o bonito e equilibrar as formas. Por exemplo: se tem pernas curtas, comparadas ao tamanho do tronco, não combina usar short, bermuda ou calça no meio da perna, que irão evidenciar a desproporção do corpo. E não devemos nos vestir assim porque é moda. Mais importante que a moda é a adaptação da vestimenta às características do tipo físico. Se estamos acima do peso, seria apropriado usarmos roupas que alonguem a silhue-

• QUEM AMA, CUIDA!

ta; se somos magros, procurar adequar a vestimenta ao nosso tipo físico também pode ajudar na elaboração do belo.

O segredo para construir o belo é atentar para as qualidades que temos e as possibilidades de harmonizar tudo: as formas, as cores, o tamanho, os gestos, o sorriso. Os cuidados com o corpo refletem o estado do espírito, porque expressam a presença vibrante do amor a Deus, a si próprio e ao outro, como consideração e vontade de proporcionar-lhe uma imagem bela. A apresentação descuidada ou com vestimenta lúgubre e agressiva não favorece a harmonia do ambiente. E as cores! Como são importantes! O uso das cores nas vestimentas está muito relacionado ao estado da alma em cada dia, quando amanhecemos. É mesmo intuitiva a escolha, quando aprendemos a sentir a alma e o corpo em seu conjunto. Vale a pena auscultarmos a alma e adequarmos as escolhas ao clima atmosférico, que quase sempre também influencia nosso estado emocional.

• 37

7
CUIDAR DA ALIMENTAÇÃO

As recomendações que arrolamos a seguir são destinadas aos que querem ter saúde até o momento da morte. Para os que não se incomodam de viver com reumatismos, artrites, problemas cardíacos, Alzheimer, Parkinson, e outras doenças muito comuns em nosso tempo, aconselhamos não ler esta parte do livro.

Nosso objetivo aqui é refletirmos sobre a preparação e os alimentos que promovem uma melhor saúde até à velhice. Iniciamos as observações, abordando os cuidados com os equipamentos e utensílios de uma cozinha.

Micro-ondas
Apesar de muito difundido e generalizado o uso do aparelho micro-ondas, advertimos que esse equipamento deforma os alimentos pelo chamado "isomerismo estrutural, ou seja: a fricção molecular processada pela radiação, que ocorre nesse forno, causa elevado dano às moléculas dos alimentos, rasgando-as em partes ou deformando-as". Se os fabricantes de micro-ondas tivessem chamado esse forno de "forno de radiação" não teriam encontrado um só comprador.

• 39

7. CUIDAR DA ALIMENTAÇÃO •

Pesquisa realizada com voluntários, que foram isolados, tiradas as amostras de sangue de cada um, imediatamente, antes que comessem os alimentos, e depois, amostras, em intervalos regulares após o consumo de leite, verduras de produção biológica cozidas no aparelho micro-ondas, revelaram mudança no sangue dos testados: o nível de hemoglobina diminuiu, o nível de glóbulos brancos e de colesterol aumentou e o nível de linfócitos também diminuiu.

Existem várias outras pesquisas realizadas em vários países, como na Suíça, que comprovam os malefícios desse equipamento. Na Rússia, o uso do micro-ondas foi proibido. A extinta União Soviética emitiu um alerta internacional sobre os riscos do uso de micro-ondas e similares para a saúde, tanto biológica, como ambiental. As experiências realizadas naquele país demonstraram que o leite, cereais e carnes aquecidos em micro-ondas converteram alguns aminoácidos em substâncias cancerígenas.

É importante a advertência de que não se deve esquentar a mamadeira de bebês no micro-ondas. A mamadeira pode parecer fria ao toque da mão, mas o líquido no seu interior pode ser extremamente quente e pode queimar a boca e a garganta do bebê, além do envenenamento do leite. Experiências realizadas comprovam que um dos aminoácidos, a IProlina, foi convertida em disomero, que é neurotóxico (veneno para o sistema nervoso) e nefrotóxico (veneno para os rins).

O sangue para transfusões preaquecido em micro-ondas mata o paciente. (O que aconteceu em alguns hospitais.)

Sobre panelas

As panelas de alumínio são condenadas porque o alumínio que é transferido para os alimentos provoca Alzheimer e Parkinson, bem como outras doenças ósseas. Nas crianças estimulam a hiperatividade. Pesquisas mostram que a migração do alumínio para os alimentos é maior nas panelas de pressão do que nas panelas normais e formas de bolo. A panela de pressão também destrói a energia vital dos alimentos cozidos. O uso da palha de aço no alumínio remove a camada de óxido do alumínio, facilitando ainda mais a passagem do alumínio para os alimentos.

• QUEM AMA, CUIDA!

Grande perigo também constituem os alumínios dos produtos enlatados. O papel alumínio pode ser substituído por celofane.

As panelas antiaderentes, teflon, contêm ácido perfluoro--octanóico (PFOA) e politetrafluoretileno (PTFE), que em alta temperatura liberam tóxicos como fluorocarbonato, que causa sintomas similares aos da gripe. O PFOA desenvolve câncer nos rins, fígado, problemas de tireoide. São também obesogênicas. As panelas de Inox são recomendadas, mas com ressalvas. Compostas de ferro, cromo e níquel não contaminam os alimentos e são duráveis, mas quando velhas podem desprender níquel, um dos componentes usados na sua fabricação. O níquel é tóxico e provoca alergias.

As panelas de cerâmica são boas para cozidos, mas precisam ter o selo da Anvisa, certificando que não contêm chumbo nem cádmio, pois estes componentes prejudicam a saúde.

As de barro são aconselhadas, mas demoram muito para cozinhar e, como as de cerâmica, são mais indicadas para cozidos.

As de pedra-sabão têm a natureza antiaderente e retêm o calor por muito tempo. Liberam quantidades expressivas de elementos nutricionais importantes, como cálcio, magnésio, ferro e manganês.

As panelas de vidro são as melhores porque não transferem nenhuma substância para os alimentos nem alteram o sabor. Mas quebram com facilidade. Têm a vantagem de poder armazenar os alimentos e são bonitas, podem servir à mesa.

As panelas de titânio são recentes no mercado e muito caras, mas não fazem mal à saúde, já que não contaminam os alimentos. São muito resistentes e podem guardar a comida pronta. Além disso, os alimentos podem ser preparados sem nenhuma gordura e são antiaderentes.

O ideal é ter panelas diferentes para os vários tipos de pratos. Aconselha-se o uso de panelas de ferro ou de pedra-sabão pelo menos uma a duas vezes por semana. As de barro são ótimas para cozidos.

Cuidados com os apetrechos, recipientes e produtos de limpeza
Use sempre que possível colher de pau. Outras colheres, facas e garfos devem ser sempre de inox e nunca de alumínio.

• 41

7. CUIDAR DA ALIMENTAÇÃO •

A peneira não deve ser de plástico. O plástico em vasilhas também é perigoso. Deriva de ácido ftálico, rico em tóxico. Quando se aquece o plástico há liberação de ftálico. A queima de plástico gera dioxina, substância das mais tóxicas.

Existem, no mercado, vasilhas de plásticos mais resistentes, mas são compostos por bisfenol, que produz o policarbonato, também prejudicial à saúde, pois pode alterar as funções do sistema hormonal. Afinal o que é o bisfenol? É a condensação da acetona (sufixo A) com fenol e a reação é catalisada por um ácido clorídrico e uma resina poliestireno sulfonada. Na Dinamarca e em alguns estados americanos é proibido o uso dessas vasilhas. No Brasil, essa proibição começou a partir de 2011, mas continua sendo vendida.

Todos os alimentos devem ser guardados em recipientes de vidro ou louça.

Para lavar as vasilhas e talheres use sabão de coco e bucha. Pode-se jogar água fervida para facilitar. Mas atenção! Não use nunca detergentes que contêm petróleo na sua composição.

Quando precisar envolver alguma comida, use celofane, nunca plástico nem alumínio.

8
ALIMENTAÇÃO SAUDÁVEL

Procurar uma alimentação saudável requer um espírito determinado a amar a si próprio e a conservar a vida que Deus deu. Em nosso tempo é sempre uma tarefa difícil, em razão da contínua produção de alimentos ricos em química e em hormônios, com uma apresentação muito apetitosa. No entanto, Deus contemplou-nos com uma vegetação tão rica em variedade e em composição de substâncias fortes e ideais para manter o corpo saudável, sem que precisemos nos alimentar de animais. Sabemos que os processos de trato e morte dos animais para alimentos são por demais violentos e inadmissíveis para uma mente humana sã aceitar. Mesmo que uma pessoa não tenha compaixão pelos animais, até mesmo por motivos egoístas, não deve comer a carne desses animais, porque os maus-tratos fazem com que as carnes dos animais sofridos sejam doentes, carregadas de substâncias produzidas no corpo do animal ao longo do seu trajeto para o abatedouro e durante o período de engorda com grãos, quando come papel e fezes de porco misturadas aos grãos.

Consideremos também os processos de tratamento antes do período pré-morte desses animais. São saturados de

8. ALIMENTAÇÃO SAUDÁVEL •

hormônios e antibióticos, ingeridos pelo ser humano que deles se alimenta. Existe a falsa ideia de que precisamos ingerir proteínas completas em cada refeição. A maioria das pessoas cai neste engodo e pensa que precisa de proteínas completas de boi, ou frango, ou peixe, em cada refeição. O organismo pode compensar a falta de aminoácidos por meio da reserva que tem, desde que incluamos uma variedade de alimentos na dieta. Os alimentos vegetais contêm quantidade de aminoácidos muito superior ao que encontramos nos alimentos de origem animal. O corpo humano é formado por vinte e três aminoácidos; quinze podem ser sintetizados pelo próprio organismo e oito devem vir de alimentos ingeridos, lembra-nos Dr. Marcelo Pelizzoli:

> Se nos alimentamos sempre de verduras, frutas, nozes, sementes, brotos ou legumes, estaremos recebendo os oito aminoácidos necessários para produzirem as proteínas que necessitamos. O fígado tem a capacidade de estocar aminoácidos para serem utilizados quando necessários. Quando o número de aminoácidos no sangue cai, devido à retirada feita pelas células, o fígado deposita parte dos aminoácidos estocados de volta à circulação. A célula também tem a capacidade de estocar aminoácidos. Se o conteúdo de aminoácidos no sangue cai ou se alguma outra célula requer um aminoácido específico, a célula é capaz de liberar seus aminoácidos estocados na circulação[1].

De que se alimentar para ter saúde
Como sugestão apresentamos uma lista de alimentos que colaboram para uma vida saudável.

Na refeição matutina, aconselhamos a ingestão de frutas, como mamão, abacaxi, banana, desde que não sejam melão e melancia. Estas frutas contêm muitas vitaminas e devem ser ingeridas muitas vezes, mas nunca com outros alimentos, já que o organismo usa fermento salivar específico para estas frutas, diferente dos usados para outros alimentos, o que pode dificultar a digestão

---

[1] PELIZZOLI, MARCELO et al. *Os caminhos para a saúde*: integração mente e corpo, Petrópolis, RJ: Ed.Vozes, 2010 p. 232.

• QUEM AMA, CUIDA!

geral. Não é preciso abusar das frutas numa única refeição: no máximo uma fatia de mamão, ou papaya, e uma banana, ou abacaxi. Tudo em excesso é prejudicial e não favorece o bem-estar.

Não é bom beber leite animal, pois todos os leites vêm contaminados de hormônios e aditivos químicos para a conservação. Use leite de soja ou iogurte natural, que substitui o leite de forma saudável, pois contêm PH. A coalhada caseira é melhor ainda, quando feita com leite que não tenha passado por embalagens de caixas e outras perigosas. Há também o leite de arroz, já industrializado e o de amêndoas, que pode ser feito em casa, mas são mais caros.

Os chás são recomendados no lugar do café, exceto o chá mate que contém cafeína também.

Recomendamos queijo ricota, ou tofu (queijo de soja), ou queijo de Minas, enfim, os queijos brancos que contêm menos gorduras. As geleias de frutas caseiras feitas com açúcar mascavo ou demerara, ou ainda com mel de abelha, podem complementar pães e bolos feitos com farinhas sem glúten (farinha de arroz, tapioca, mandioca ou milho). O óleo de coco é muito recomendável e saboroso, substitui bem a manteiga.

Hoje, precisamos considerar as novas pesquisas sobre os malefícios do trigo: engorda, eleva o açúcar no sangue, estimula as doenças inflamatórias, dificulta a concentração da atenção, favorece a preguiça física e a obesidade.

Alguns autores, como David Perlmutter e William Davis, são muito convincentes e aconselham-nos a abandonar o uso do trigo na alimentação. Perlmutter chega a afirmar que o trigo produz demência do cérebro.

É possível mudarmos os hábitos alimentares e substituirmos tudo o que contém glúten (trigo, centeio, cevada, cerveja e aveia) por farinhas mais saudáveis que já estão nos mercados: farinha de arroz, tapioca, milho, nas diversas modalidades. Na internet já encontramos diversas receitas sem glúten. Aconselhamos o uso frequente do inhame, que purifica o sangue.

É bom enriquecer o iogurte ou leite de soja com nozes e gergelim, sementes muito ricas que fortalecem os ossos e músculos. As castanhas são boas também. Mas atenção: as castanhas do Pará

• 45

8. ALIMENTAÇÃO SAUDÁVEL •

só devem ser ingeridas pela manhã, porque tiram o sono, quando consumidas à noite. Pode-se substituir o pão e bolos de trigo pelos de farinha de arroz, ou de mandioca, ou de milho, feito em casa, de forma a garantir que os ingredientes usados sejam saudáveis e sem manteiga ou margarina, muito prejudiciais à saúde. Os nutricionistas aconselham que 3 horas após a 1ª refeição do dia alimentemo-nos de uma fruta ou outro alimento, como batata doce ou inhame.

Aconselhamos nos intervalos beber água de forma que ao longo do dia seja tomado um mínimo de dois litros.

O almoço saudável deve ter pelo menos 50% de verduras e legumes crus. Os outros 50% devem ser preenchidos de arroz integral, feijão e outro complemento que pode ser: peixe de boa procedência, tipo salmão, ou pratos feitos com ervilha congelada (e não de lata), ou polenta (com tomate natural e não molhos prontos que não são saudáveis), ou carne de soja (que pode ser feita com muitas receitas bem saborosas), ou cuscuz paulista, ou panqueca natural, sem ovos nem leite (tipo as feitas em restaurantes naturais), cogumelos naturais (sem conserva) etc.

Importantíssimo é a não ingestão de carnes animais, nem ovos, que são contaminados. Os frangos caipiras de boa procedência, para quem achar que não pode passar sem carne, que sejam consumidos sem excesso.

Quanto ao suco no almoço, para quem acha necessário, que sejam usados os de fruta natural, sem açúcar, ou água de coco, muito boa para a saúde. Recomendamos que se evitem sucos de embalagens de papelão. Prefiram os de garrafas de vidro.

No intervalo, entre almoço e jantar, é bom ingerir alguma fruta ou guloseima natural, como bolo, biscoitos sem glúten, de preferência preparados em casa.

Para o jantar, as recomendações são as mesmas, mas melhor será o uso de sopas de legumes, ou de ervilha natural, ou ainda de inhame, muito bom para purificar o sangue. Aconselha-se a não comer muito à noite, para que o sono seja bom.

9
CUIDAR DO OUTRO

O eu e o outro somos duas presenças recíprocas. Eu existo como eu, com a minha identidade, percebido pelo outro da mesma forma que o percebo, na sua identidade. Somos existências mútuas. A minha existência é para ele, quando reconhecida da mesma forma que a dele é para mim, quando o reconheço. É o reconhecimento que transforma uma presença humana em um outro, em Próximo. Não conseguimos acolher esse rosto com o pensamento lógico, mas com o coração, com a capacidade de cada um de desenvolver sentimentos, emoções e, principalmente, de relacionar-se com o Criador que fez todos os seres. Só quem vive sob a presença de Deus consegue enxergar o rosto do outro, a alteridade sublime, que em seu conjunto constitui o gênero humano.

O outro, o rosto, só existe para mim, quando aprendo a acolhê-lo, com minha disposição para amá-lo e respeitá-lo, considerando sua identidade e sua dignidade.

Hoje, precisamos advertirmo-nos de que a primazia dos sistemas, em todas as áreas do cotidiano, vem comprometendo nossa capacidade de reconhecer uma configuração humana no que diz respeito ao outro. "O outro fica como que suspenso e privado de permanecer em sua alteridade

9. CUIDAR DO OUTRO •

e acaba fazendo parte de um sistema total, ditando todas as regras, não lhe restando alternativa, senão agir de acordo com as normas propostas pelo sistema", observa Emmanuel Lévinas.

É preciso um esforço determinado e atenção para estarmos sempre reconhecendo o outro.

"O grande desafio da ética, em nosso mundo sistêmico, é encontrar uma configuração que possibilite um processo de humanização, o que só pode ser feito pelo respeito para com a alteridade", diz-nos Lévinas.

Quem é o outro? É o meu familiar, esposa, esposo, filhos, filhas, a funcionária e todos os que vivem ou trabalham no mesmo lar. É o vizinho que mal cumprimenta ou mesmo não reponde as nossas saudações. É o porteiro do prédio, o carteiro e o mensageiro que traz a encomenda feita por telefone. São os amigos, seus amigos e de seus parentes. São os parentes mais distantes: primos, tios, cunhados(as), sogro, sogra, genro e nora. São os vendedores da rua, os mendigos que pedem esmolas. Os motoristas que passam velozes em seus carros, por vezes assustando-nos e nos obrigando a correr para não sermos atropelados. São aqueles que nos agridem com palavras não entendidas, porque acham que fizemos uma barbeiragem no trânsito. É o atendente no consultório ou hospital. É o médico, enfermeira, dentista e farmacêutico que procuramos para nos ajudar no tratamento da saúde. É o vendedor da loja que muitas vezes ignora nossa presença. É o cliente que nem sempre sabe o que quer e por vezes está nervoso. É o padre ou pastor que nunca tem tempo para nos atender. É o técnico que vem consertar um aparelho ou utensílio doméstico que está com defeito. É o que cuida da aparência estética das pessoas. É o político e autoridade que vem desempenhando bem ou mal sua função. É o professor que está cansado e impaciente. É o aluno disperso que não procura ouvir o que o professor fala. É todo aquele que por um momento passa por nossa vida, deixando colaborações, ou agressões, ou problemas.

Como cuidar do outro, desse próximo?

– Existe uma regra básica para cuidar do próximo?

Acreditamos que todo o segredo desse cuidado começa com o olhar. Como vemos o próximo? Alguém que tem as mesmas características que as nossas? Um ser que é gente, pertence

• QUEM AMA, CUIDA!

ao gênero humano como nós? Deve ter qualidades e defeitos, possibilidade de sentir emoções, de carregar na mente muitos problemas insolúveis, as mesmas dificuldades ou outras bem maiores que as nossas? Que tipo de educação este outro recebeu? Aprendeu um ofício? Será que tem família? Teve escola? Ensinaram-lhe o bem ou o vício e a violência? Que tipo de experiência viveu? A de miséria moral? A de miséria material? Ou ambas? Como terá sido sua vida desde a fase intrauterina? Foi desejado ou rejeitado por seus pais? E sua infância? Que dificuldades estará enfrentando no momento?

Considerando todas essas questões em nossa mente, temos de ter benevolência para enxergarmos o outro. A partir desta atitude as nossas relações com o outro estarão abertas ao entendimento, à compreensão e ao perdão antecipado de qualquer agressão. Tem razão, quando diz: "Eu sou eu e minha circunstância".

Nenhum ser humano é mau, em si. São as agruras da vida que deformam o caráter e a mente. Se procuramos ver o outro, na circunstância em que vive ou viveu, saberemos ter um olhar mais complacente, que amortecerá qualquer agressão que nos é arremessada.

Perigoso é o olhar de quem se põe em contínua autodefesa. A mídia e os noticiários alarmantes estão sempre a sugerir uma postura de autodefesa gratuita, de anular as tentativas de relacionamento, enfim, o fechamento total e não aceitação do outro.

Precisamos nos defender dessa postura de anulação do outro em nossa vida. O outro é fundamental para nós. Sem o outro nada somos, pois nascemos seres sociais: precisamos oferecer e receber ajuda; precisamos falar e escutar o outro como também precisamos descobrir o como amar o outro e o como receber seu amor.

A partir dessa regra básica de aprender olhar, todos os relacionamentos frutificarão e poderemos então pensar em cuidar do outro.

Ninguém melhor do que Jesus nos ensina a cuidar do próximo. A parábola do Bom Samaritano sintetiza todo o jeito de olharmos e cuidarmos do próximo, recomendado por Ele.

Um doutor da lei perguntou a Jesus: E quem é meu próximo? Então Jesus disse:

• 49

9. CUIDAR DO OUTRO •

> Um homem descia de Jerusalém a Jericó e caiu nas mãos de assaltantes, que roubaram tudo que tinha, agrediram-no a pauladas e fugiram deixando-o quase morto. Por acaso descia um sacerdote por aquele caminho: viu-o e seguiu adiante. De igual modo um levita, chegando àquele lugar, ao vê-lo, seguiu em frente. Um samaritano, porém, que ia de viagem, chegou perto dele e, ao vê-lo, teve compaixão. Aproximou-se dele e fez curativos em suas feridas, derramando óleo e vinho; depois montou-o em seu próprio animal, levou-o a uma pensão e cuidou dele. No dia seguinte, tirou duas moedas e, entregando-as ao hospedeiro, disse-lhe: "Cuida dele e o que gastares a mais, na volta eu pagarei". Qual dos três, em sua opinião, comportou-se como próximo do homem que caiu nas mãos dos assaltantes? Ele respondeu: "Aquele que o tratou com bondade". Então Jesus disse: "Vai e faze o mesmo".

Como em nosso tempo, não foram os mais instruídos e religiosos os que tiveram a coragem de cuidar daquele que foi roubado e agredido pelos assaltantes, mas um samaritano que, na época, era visto como herege e estrangeiro.

Quando se quer ajudar alguém, encontra-se sempre um meio adequado, mesmo em situação de perigo aparente. É sempre bom rogar a Deus, pedindo ajuda e que Ele nos envie seus anjos para nos auxiliar nessas missões. Quando assim fazemos, sempre encontramos meios adequados para prestar um socorro. É preciso calma e lembrarmo-nos de que os agredidos e agressores são pessoas humanas e certamente com muitos problemas e dificuldades.

Há pessoas que nos ensinam a agir com seu exemplo. Lembramo-nos de uma senhora, em Belo Horizonte, que, sozinha em casa, viu o ladrão invasor e ameaçador prometendo morte, se ela não lhe mostrasse onde estavam o dinheiro e as joias. "Calma" e, sem nem mesmo alterar a voz, ela lhe disse: "Amigo, o que tenho você pode levar, mas antes gostaria que lanchasse comigo na mesa, como gente civilizada. Tenho um bolo gostoso que fiz há pouco e um bom café que acabei de coar". Aquelas palavras pareciam desconsertar o ladrão, que nunca tinha sido convidado para sentar-se à mesa e comer como rico. Assustado, o ladrão abandonou-a e nada levou nem lhe fez nenhum mal. O tratamento gentil muitas vezes tem uma força maior que uma agressão. Hoje, são muitas as formas de agressão e ameaça, mas, quando oramos, surge sempre uma nova ideia.

• QUEM AMA, CUIDA!

Para socorrer na rua, é possível usar os celulares e tentar o apoio da polícia para ajudar um necessitado. Por vezes também os órgãos públicos, que deveriam colaborar nestas empreitadas, são omissos e tudo dificultam, para que possamos prestar auxílio. Mas vale a pena tentar sempre, até que um dia as pessoas sejam mais humanas e responsáveis no exercício de sua função social.

São muitas as situações em que podemos cuidar do outro mais necessitado: os esmoleres estão sempre nas ruas ou nas portas das casas pedindo esmolas. Por que não os ajudar sempre que pudermos? Existe uma teoria comodista dos gananciosos que pensam que seria alimentar o ócio atender a estes pedintes. Pergunta-se: Que ócio? De que trabalhos estariam eles fugindo? Teriam condições de se empregarem? Saberão algum ofício e terão campo de trabalho? Se o "dar" dinheiro pode facilitar algum vício de bebidas ou drogas, um prato de alimento e um sorriso, um cobertor ou uma roupa, não comprometeriam nada. Seria uma forma de cuidar do necessitado.

Quantas vezes encontramos também amigos, parentes e até pessoas de posse que não precisam de dinheiro nem de prato de comida, mas de uma presença humana, alguém que as ouça nas suas angústias e solidão. Há situações em que o cuidar do outro se resume em estimulá-lo a procurar aprender alguma coisa, em lhe oferecer informações úteis para isto.

Tudo começa com o olhar atento, a oração silenciosa pedindo a Deus ajuda ao próximo e seguem-se atitudes efetivas para se prestar colaboração ou socorro.

Quando não se encontram formas de ajudar concretamente, que se façam orações ao Senhor, para que Ele encaminhe um socorro por outra pessoa.

Cuidando do outro, fatalmente estamos praticando o amor não só a ele, mas a nós próprios, pois somos pessoas recíprocas: o amor que dispensamos ao outro volta refletido sobre nós, fortalecendo nossa autoestima.

Assim disse Jesus: "Amar a Deus sobre todas as coisas e ao próximo como a ti mesmo".

Para cuidar do próximo, é preciso adquirir a sensibilidade de se colocar no lugar do outro. Sentir como ele, respirar como ele, pensar como ele. Só então podemos encontrar a sabedoria no cuidar.

10
CUIDAR DOS DONS

Cada pessoa humana recebe de Deus dons, dádivas próprias que a preparam para realizar suas missões. Uns são privilegiados com dons artísticos, outros com a perspicácia da inteligência para associar conhecimentos, criar inventos, teorias científicas ou produções literárias.

Há quem recebe o dom da esperteza, que pode ser bem ou mal-empregado.

São dons igualmente benéficos o dom de fazer da cozinha uma arte, da arrumação da casa uma decoração aprazível, do manejo da bola um batuta do futebol ou de qualquer outro esporte. É contemplado com o dom da palavra o que sabe discursar e apresentar argumentos convincentes, o que narra histórias de forma cativante.

São dons muito reconhecidos pela sociedade as aptidões para analisar sintomas e diagnosticar anomalias no corpo e sugerir tratamentos para a saúde.

Alguns têm o dom de vender ideias ou qualquer produto. Outros têm vocação para planejar e edificar casas, prédios, todo tipo de áreas de acolhimento do ser humano ou animal.

Perspicazes são os que sempre encontram argumentos e justificativas para a defesa de cidadãos.

10. CUIDAR DOS DONS •

Poucos têm o dom de liderança: são capazes de servir a comunidades ou a nações com suas ideias, seu poder de convencer e sua habilidade de administrar. Necessários e grandes colaboradores da humanidade são os capazes de se dedicarem ao trato da Natureza, ao plantio e também ao trato dos animais, e à conservação equilibrada dos reinos vegetal, animal e mineral.

Todos os dons precisam ser exercitados para florescer. Não podemos sufocar a grande riqueza de dons com os quais somos contemplados. Vemos que, muitas vezes, temos dificuldades específicas para estimular o desenvolvimento de alguns dons. Quase sempre são as barreiras emocionais que nos impedem de trabalhar para o desenvolvimento de nossos dons: o medo de insucesso, uma baixa autoestima, a insegurança de não ser aceito socialmente. Por outro lado, quando nos empenhamos em descobrir e desenvolver os dons, crescemos no todo, vencendo até mesmo esses problemas emocionais que constituíam barreiras. É a autoterapia que dá ótimos resultados.

Os deficientes têm sempre maiores aptidões para superar as barreiras. Quase sempre um cego tem uma audição mais desenvolvida, o tato mais sensível. Um aleijado tem mais perspicácia para encontrar formas de se locomover.

Na verdade, há dons que são comuns a todos nós: o dom da fé, o dom de prestar serviços e ajuda, o dom de escutar o outro e de se comunicar por diferentes formas, o dom de sobrepujar às dificuldades. São dons naturais do gênero humano que não podemos olvidar para sermos dignos de pertencermos a este gênero.

Importante é que todos nós precisamos descobrir todos os dons com os quais fomos contemplados. Para isso, temos de buscar oportunidades de viver situações que nos permitam vivenciar essas experiências. Quem pode dizer que não tem o dom para a arte da pintura se nunca experimentou pintar um quadro? Quem pode dizer que não tem o talento de escultor se nunca proporcionou a si a experiência de modelar formas? Quem pode dizer que não tem o dom de escrever histórias se nunca experimentou criá-las? Assim acontece com todas as artes e técnicas.

• QUEM AMA, CUIDA!

Por vezes, encontramos pessoas amarguradas que sofrem com o único objetivo de ganhar dinheiro e, infelizes, nunca encontram tempo para descobrir e desenvolver os dons recebidos de Deus. Se acordassem para descobrir seu potencial, certamente, tornar-se-iam mais equilibradas e felizes.

Um grande recurso do ser humano é poder se conhecer, vasculhar seu potencial, escutar seu espírito e sua intuição, ouvir a si próprio.

As famílias e as escolas têm obrigação de criar oportunidades às crianças e adolescentes para que possam descobrir seus dons, o prazer de vivenciá-los e desenvolvê-los. Infelizmente, há pais que escolhem e querem impor os dons que cada filho pode desenvolver sem deixar que eles mesmos vivenciem e se escutem para crescerem conforme sua maneira própria de ser. Não se trata de acumular crianças com excesso de aulas extras, mas de deixar que manifestem, até mesmo nas brincadeiras, o jeito mágico e prazeroso de um dom. É decisivo para todos os cuidados com o desenvolvimento dos dons.

Quando se pensa na maneira como cada um é responsável pelos dons que recebe, vem à mente a parábola dos talentos que Jesus narrou.

O Reino dos Céus é como um homem que, partindo para uma viagem, chamou seus empregados e lhes confiou seus bens. Deu a um deles cinco talentos; a outro dois; e a outro um; deu a cada um de acordo com sua capacidade e partiu. Ora aquele que havia recebido cinco talentos foi logo negociar com eles e ganhou outros cinco. Do mesmo modo, aquele que havia recebido dois, ganhou outros dois. Mas aquele que havia recebido um talento só saiu, fez um buraco no chão e aí escondeu o dinheiro do patrão. Muito tempo depois, voltou o patrão desses empregados e acertou as contas com eles. Aproximou-se aquele que tinha recebido cinco talentos e apresentou outros cinco, dizendo: "Senhor, entregaste-me cinco talentos, eis aqui outros cinco que ganhei". Disse-lhe o patrão: "Muito bem, empregado bom e fiel. Foste fiel no pouco, eu te confiarei muito. Vem alegrar-te com seu patrão!" Apresentou-se depois aquele que tinha recebido dois talentos e disse: "Senhor, entregaste-me dois talentos, eis aqui outros dois que ganhei". Disse-lhe o patrão: "Muito bem, empregado fiel. Foste fiel no pouco, eu te confiarei muito. Vem alegrar-te com teu patrão!" Veio por fim aquele que tinha recebido um

• 55

10. CUIDAR DOS DONS •

talento só e disse: "Senhor, eu sabia que és um homem severo, que colhes onde não semeaste e ajuntas onde não espalhaste. Fiquei com medo e escondi teu talento no chão; aqui está o que é teu!" Respondeu-lhe seu patrão: "Empregado mal e preguiçoso, sabias que eu colho onde não semeei e ajunto onde não espalhei. Devias, então, ter colocado meu dinheiro no banco. Para que assim, ao voltar, eu recebesse com juros o que é meu. Tira-lhe, pois, seu talento e dá-o àquele que tem dez. Porque a quem tem será dado mais, e ele terá em abundância. Mas, a quem não tem, será tirado até mesmo o que tem. Quanto a esse empregado inútil, jogai-o lá fora, na escuridão. Aí haverá de chorar, rangendo os dentes".

Os dons que recebemos são para serem desenvolvidos e feitos maiores. Quem recebe um dom e enterra-o nos escombros de sua desorganizada falta de tempo vai ter de prestar contas a Deus e a si próprio, por ter medo de se arriscar em fazê-los desenvolver. O risco é necessário à sobrevivência sempre. É preciso trabalhá-los, fazê-los multiplicados para merecermos o céu e a aceitação da nossa consciência. Haverá sempre penalidades para os que são omissos na obrigação de desenvolver seus dons: castigos do Pai e do seu equilíbrio emocional, que rejeita a pessoa mutilada.

11
CUIDAR DA IMAGINAÇÃO

"Aimaginação é mais importante que o conhecimento", dizia Albert Einstein. Realmente ela é um prêmio valioso que nosso Bom Deus nos confere. Todos recebemos esta dádiva. Com ela podemos viajar pelos mais diversos planetas. Com ela fabricamos inventos úteis à humanidade, quer sejam instrumentos e aparelhos para o trabalho, quer sejam belezas artísticas e literárias, até pratos e guloseimas apetitosas. Com ela vamos a países distantes, conversamos com desconhecidos como se fossem íntimos, falamos a autoridades governamentais de nossos planos para a benfeitoria social e, até em Organizações Internacionais, podemos debater com líderes mundiais. Não importa a idade: as crianças usam muito a imaginação e com ela fabricam brinquedos, compõem peças teatrais, dão concertos musicais, passeiam muito e se divertem bastante. Também os adultos e idosos têm na imaginação uma aliada perene que se faz muito presente em sua solidão.

Como todo dom recebido do Pai, a imaginação é muito necessária para o indivíduo suportar as agruras da realidade e precisa ser desenvolvida e trabalhada. Hoje, vivemos um tempo em que o

• 57

11. CUIDAR DA IMAGINAÇÃO •

racionalismo dominante condena o uso da imaginação como se ela fosse um mal. A mídia e o racionalismo reinantes veem-se ameaçados pelo poder imaginário do homem, que pode vir a dispensá-los se um dia reconhecer como é vantajoso utilizar a imaginação. E, desde cedo, as crianças são treinadas para abafar e destruir sua imaginação. Pais e professores têm grande pressa em matar os mitos da civilização como Papai Noel e o Coelhinho de Páscoa. O psicanalista Bruno Bettelheim fala-nos da magia e importância simbólica que têm o Natal e a figura do Papai Noel para a criança. Ele chama atenção para o fato de que privar a criança das satisfações emocionais desse personagem, que traz presentes para todas as crianças, buscando uma maturidade prematura, contribui para deixá-la pouco preparada para a vida. Em um dos seus casos Bettelheim relata a reação de um menino inteligente de 6 anos, cujo pai insistia que ele soubesse "a verdade". Esse pai se vestiu de Papai Noel e no meio da festa retirou a fantasia para que o menino visse quem era esse personagem. Porém o menino começou a gritar, pungentemente: "Por que o verdadeiro Papai Noel não aparece para mim?" Os pais da criança, na sua racionalidade, ficaram pasmos. "Eles não perceberam que o filho, para poder enfrentar a vida, não conseguia acreditar em explicações racionais, tendo se sentido muito lesado ao ver que justamente ele, entre todas as crianças, não tinha recebido a visita da verdadeira figura mágica." "Nada adiantou, por mais que seus pais tentassem demovê-lo da ideia, dizendo que o Papai Noel que havia visitado outras crianças era igual ao seu tio, pois o menino respondeu logicamente: O tio João não pode visitar todas as crianças", mostrando seu desejo de acreditar em Papai Noel, independentemente do que seus pais lhe diziam[1].

Os pedagogos e mestres esclarecidos que querem desenvolver a imaginação das crianças, hoje, lutam com muitas dificuldades, porque as famílias, muitas vezes, não aprovam as atividades que estimulam a fantasia, temendo que seus filhos percam o

---

[1] BETTELHEIM, B. *Uma vida para seus filhos*: pais bons o bastante. Rio de Janeiro: Ed. Campos, 1988.

• QUEM AMA, CUIDA!

contato com a realidade. E é tão importante para a normalidade o desenvolvimento da fantasia! Sem ela a imaginação e a criatividade não podem expandir e, aí, ficamos no "mesmismo padrão", enfadonho e triste.

Acreditamos que as crianças e jovens que desenvolverem bem sua imaginação não precisarão dos alucinógenos das drogas para suportarem a realidade. Por outro lado, os adultos e idosos também poderão usar a imaginação para vencer as crises de depressão.

Hoje, adultos que se reciclam em cursos para desenvolver a criatividade, com Consultorias de Recursos Humanos, aprendem atividades que desenvolvem a imaginação. E isto só acontece em poucas empresas mais avançadas. Sabemos que provavelmente só quem tem uma imaginação desenvolvida e treinada é capaz de encontrar soluções novas para os problemas.

Não cabe aqui apresentar técnicas para desenvolver a imaginação. Isto exige um curso e orientação de um especialista. Contudo, aconselhamos aos que querem desenvolver esse potencial que planejem um tempo, em suas atividades diárias, para sonhar pensando, por exemplo:

"Se eu fosse...".
"Se eu pudesse...".
"Se viajasse para...".
"Se me acontecesse...".

Apresentamos aqui uma única técnica, que, mesmo sozinha, cada pessoa pode usar para desenvolver sua imaginação. É a técnica "Produção de ideias", sintetizada na sigla: SCAMCEA (Eberle), adaptada pela especialista Solange Múglia Wechsler para aplicação aqui no Brasil. O nome da técnica é composto pelas iniciais dos verbos que orientam as atividades. Assim, diante de um problema, usando esta técnica, poderemos usar a imaginação para, mudando pontos de vista, encontrarmos soluções para um problema.

• 59

11. CUIDAR DA IMAGINAÇÃO •

S Substitua →
Que outro lugar? Que outra pessoa? Que outro
Nome? Outro processo? Outra hora?

C Combine →
Que tal juntar? Combinar ideias? Ligar?
Fazer Conjuntos? Combinar unidades?
Combinar propósitos? Combinar materiais?
Combinar interesses? Combinar conceitos?

A Adapte →
O que mais em lugar disto?
O passado oferece paralelo?
Que outras ideias me sugere?
Como posso adaptar em outra situação?

A Aumente →
Mais? Maior?
Mais largo? Mais frequente?
Mais qualidade?

A Arrume →
Arrumar ou refazer a ordem? Outra sequência?
Outro plano? Outro ritmo? Outro esquema?

M Modifique →
Alterar a cor? Som? Sabor? Forma? Movimento?
Qualidade? Significado? Cheiro? Emoção?

C Coloque outros usos →
Outros propósitos? Outras maneiras de usar?
Outras utilidades?
Outros lugares para usar?
Outras pessoas para alcançar?

E Elimine →
Remover? Omitir? Cortar parte ou todo? Diminuir?
Subtrair? Reduzir? Condensar? Mais baixo?
Mais leve? Dividir?

• QUEM AMA, CUIDA!

A Arranje →
Pôr ao contrário? Cabeça para baixo?
Do lado avesso?
De perfil? De fora para dentro?

Tente aplicar essa técnica em situações tais como:
De que maneira posso expor um produto na loja para torná-lo mais chamativo e despertar a curiosidade de muitos clientes?
De que maneira posso fazer uma comunicação à minha equipe de forma a despertar a atenção de todos e estimular a adesão à nova proposta?
De que maneira posso melhorar o anúncio de venda de uma cadeira antiga, de modo a atrair maior número de compradores?

12
CUIDAR DA MEMÓRIA

Cuidar da memória é exercitá-la com exercícios intelectivos e também físicos. Se não procuro aprender algo novo, se não trabalho minha inteligência, é claro que ela se atrofia. A memória está muito ligada à inteligência. Vale a pena procurar aprender coisas novas: ler mais, assistir a espetáculos artísticos, programas culturais e documentários na TV. Importante é desenvolver relacionamentos e não se isolar, pois as conversas humanas, mesmo as fúteis, sempre trazem estímulos para o exercício da memória.

Cuidar da memória é compreender que as lembranças, mesmo as tristes, "as feridas do passado, tudo que detestei, tudo que tentei esquecer, todo esse peso se torna meu maior tesouro: esse peso a carregar é o Meu Caminho. O peso é o caminho. Aquele que na terra está sem peso, está sem caminho, sem rumo", diz o Anjo do livro *Diálogo com o Anjo*, de Gitta Mallasz. Realmente, não é tentando apagar as tristezas do passado que vou garantir uma boa memória, mas é cuidando de aceitá-la como trilha para a construção de uma vida plena que a purifico.

A memória nem sempre pode ser comandada pela vontade. É claro que o subconsciente age tentando fazer-nos es-

12. CUIDAR DA MEMÓRIA •

quecer das lembranças que foram traumatizantes. Mas ser uma pessoa positiva e não negativa importa muito, neste cuidar da mente. Os negativistas acabam por proteger na memória as atrocidades e violências vividas, sem crer, sem esperanças, transformando-as em impulsos para problemas psíquicos.

Cada pensamento e cada emoção são registrados automaticamente por um fenômeno chamado RAM (Registro Automático da Memória). Quantas vezes, independentemente de nossa vontade, uma música martela nossos ouvidos e com ela as cenas que se desenrolaram, quando a ouvimos em meio às emoções alegres ou tristes? Cuidar daquilo que está em nossa memória é importante. Mas como fazer isto?

Em algumas terapias, procura-se fazer a pessoa reviver a situação dolorosa, substituindo, na imaginação, o que é negativo por cenas positivas e depois as mágoas são sucedidas pelo perdão, as agressividades, por ternuras.

Quando as cenas que marcam negativamente os fatos são compostas pelo domínio de uma pessoa sobre outra, é interessante o indivíduo usar técnicas de ouvir o dominador, imaginando que uma parede de vidro o isola ao estar em sua presença. É válido também imaginar que o que está ouvindo é como um fio telefônico, separando-o da presença corporal.

A "âncora da memória" refere-se a um foco ou território de leitura da memória, num determinado momento da existência. Ela fornece um grupo de informações psicossociais, que ficam disponíveis para serem utilizadas pelos fenômenos que leem a memória e constroem pensamentos. Assim temos liberdade para cantar no banheiro de nossa casa, mesmo que sejamos desafinados. Porém, se estivéssemos num anfiteatro, diante de uma plateia, provavelmente não cantaríamos, nem expressaríamos nossas ideias com liberdade.

A âncora da memória traz-nos recordações independentes de nossa vontade e povoam nossa mente, ainda que a consciência não deseje. As cenas vivenciadas sob o efeito do álcool, drogas ou medicamentos psicotrópicos ficam gravadas também na âncora da memória e as pessoas ficam limitadas na construção dos pensamentos.

• QUEM AMA, CUIDA!

Cremos que a memória tem um conteúdo lúdico. Ela se apraz quando procuramos guardar cenas de brincadeiras divertidas. Isso ajuda a um relaxamento mental e pouco esforço da memória.

Experiências de laboratório demonstraram que os ratinhos apresentam um número muito maior de células cerebrais interconectadas umas com as outras quando vivem em conjunto, em uma gaiola cheia de brinquedos como rodinhas, bolas etc., do que quando vivem em uma gaiola sozinhos e sem nada para fazer e aprender. O ser humano precisa utilizar o máximo da capacidade mental: aprender novas habilidades. Se trabalha em escritório, aprenda a dançar. Se for dançarino, aprenda a lidar com computador. Se for um programador, aprenda a pintar, porque atividades diferentes estimulam os circuitos neurais do cérebro a crescerem.

A memória está sempre dependente da atenção. Muitas vezes pensamos que houve falha de memória, para retermos uma informação, e, na verdade, o que faltou foi uma atenção concentrada.

É impossível prestar atenção se estivermos tensos ou nervosos. Quando isto acontecer, prenda a respiração por dez segundos e vá soltando-a lentamente. Em seguida procure exercitar a concentração da atenção. Pratique exercícios, por exemplo: pegue um objeto, por exemplo, uma caneta e se concentre nela. Pense sobre suas diversas características: seu material, sua função, sua cor, sua anatomia etc. Não permita que nenhum outro pensamento ocupe sua mente, enquanto estiver concentrado na caneta. Repita este exercício com outras coisas, por exemplo, uma rosa, uma cadeira etc.

A memória compreende: aquisição, conservação e evocação de informações. O esquecimento é a falta de evocação. A memória é um processo que utiliza os cinco sentidos para captar informações. Há pessoas que têm uma memória visual mais desenvolvida; outras uma memória auditiva; e ainda as que são mais cinestésicas: sentem necessidade dos gestos para modelar, na memória, uma informação.

Quando aprendemos alguma coisa ou adquirimos uma experiência, as células do cérebro sofrem alterações e essas alterações são refletidas no comportamento.

• 65

12. CUIDAR DA MEMÓRIA •

Há atividades que podem melhorar a eficiência da memória:
1. Associe fatos a imagens: aprenda técnicas mnemônicas.
2. Visualize as imagens: veja a figura com os olhos da mente, exemplo: feche os olhos e imagine uma taça de sorvete grande e bonita. Sinta a maciez e o sabor na língua, o aroma da fruta. Imagine-se saboreando o sorvete, e ele derretendo na boca. Faça esse tipo de exercício imaginando um bife e depois um prato de sopa quente num dia frio.
3. Exerça contínua atividade intelectual: leitura, exercícios de memória, palavras cruzadas, jogo de xadrez.
4. Aprenda novas habilidades sempre.
5. Cuide de uma alimentação saudável e evite excessos. Atente para ingerir sempre: tiamina, ácido fólico e vitamina B12 (no pão, cereais vegetais e frutas). A água ajuda a manter bem os sistemas da memória. A desidratação pode levar à confusão.
6. O sono suficiente é importante para o descanso do cérebro. Durante o sono, o cérebro desconecta-se dos sentidos, processa, revisa e armazena as memórias. A insônia prejudica o concentrar e armazenar informações.
7. Uma vida saudável e os exercícios físicos com regularidade são um sustentáculo da memória. A falta de vitamina B1 e o alcoolismo levam à perda da memória. Também o hipotireoidismo e o uso de tranquilizantes e calmantes, bem como o uso de propanolol, para controlar a pressão alta, concorrem muito para a perda da memória.

Quanto aos medicamentos não se conhece senão o Gingko Biloba, que, embora não testado pela Ciência, é muito usado em países como: China, Alemanha e Estados Unidos, por atuar favoravelmente nos problemas cardiovasculares, neurológicos, metabólicos, facilitando a circulação cerebral, estimulando sua oxigenação.

Em uma experiência vivenciada na Terapia Psicanalítica com a competente Dra. Renata Jost de Moraes, por meio de técnicas de hipnotismo, foi realizada uma regressão, recordando o momento do nascimento, a vida intrauterina e a concepção da vida. Constata-se assim que a memória existe desde o momento em que Deus sopra o espírito sobre o feto. E para nós não há argumento maior para provar que o feto é um ser humano desde que ele existe como embrião.

13
CUIDAR DOS SENTIMENTOS E DAS EMOÇÕES

Os sentimentos são informações que os seres biológicos, humanos ou animais e, quiçá, os vegetais são capazes de sentir nas diferentes situações que vivenciam.

Nos seres humanos, os sentimentos dão-se simultaneamente com o raciocínio e ocorrem no silêncio interior.

As emoções são reações fisiológicas e psicológicas provocadas por estímulos interiores, pensamentos, ou recordações, ou por estímulos exteriores, vindas do ambiente. Envolvem a pessoa toda: a mente e o corpo, reações orgânicas e sensações pessoais.

Cuidar dos sentimentos e emoções do ser humano é cuidar dele como um todo, de maneira especial da sua sensibilidade.

Hoje, vivemos um tempo em que as agressividades, relatadas nos meios de comunicação, acabam por amortecer nossa sensibilidade e acostumando-nos com a violência e todo tipo de crueldade, podendo nos transformar em indiferentes e insensíveis, com coração de pedra.

É preciso vigiar-nos para não destruirmos nossa sensibilidade, permitindo-nos indiferença ante o sofrimento alheio, frieza no

13. CUIDAR DOS SENTIMENTOS E DAS EMOÇÕES •

enfrentar as notícias de barbáries e maldades. Não permitamos que nosso coração se endureça e se torne de pedra, incapaz de sofrer com o outro. O sofrimento solidário, por maior que seja, é menor do que a dor de se constatar desumano, incapaz de sentir e se solidarizar com o outro. O endurecimento do coração faz como que a alma saia de nós e nos deixe no abandono hostil da indiferença, tornando-nos mais leoninos e menos humanos. Esta dor é bem maior e tem efeitos eternos, com cicatrizes que não se apagam. "Despertar nosso ser para os sentimentos é garantir os primeiros passos para tornar-nos humanos." O humano não é um ser, mas um poder ser. A "humanidade ainda não nasceu, está nascendo por meio de nossos atos", nos diz o anjo de Gitta Mallasz, no livro *Diálogo com o Anjo*.

Participar das alegrias e agruras do outro é o fulcro da existência, ainda que por vezes nos abalem e nos façam tristes. Mas é uma tristeza temporária, que se transforma em alegria perene por termos conseguido romper as barreiras que impediam a expansão do próprio ser.

Acordemos nossos sentimentos, de forma especial o amor, aquele que é a chave para atrair todos os bons sentimentos. Não nos iludamos: os sentimentos precisam estar em contínuo embate dos opostos, para, assim, o amor vencer o ódio, a indiferença e o medo; a compaixão amolecer a rudeza do calculista; a sinceridade esclarecer o fingimento; a lealdade superar a desonestidade; o otimismo apagar o pessimismo; a intolerância vencer a intransigência; a presença manifestar-se no abandono.

Se cuidarmos de fazer vibrar em nós os sentimentos, naturalmente eles se desdobrarão em relação ao outro.

Deus nos deu a possibilidade de 356 sentimentos, mas o viver e selecionar os bons depende do nível de nossas relações com o Criador. Quando aprendemos a buscar o Senhor e dele aproximarmo-nos mais, vibram em nós os nobres sentimentos, aqueles que nos fazem à sua semelhança. Quando, porém, nos esquecemos de Deus e priorizamos as coisas do mundo, os bons sentimentos se escondem para dar espaço aos maus, aos da perdição.

Buscando a Luz, chegamos ao caminho do Amor, que, como ímã, atrai todos os demais valorosos sentimentos. Vem em pri-

• QUEM AMA, CUIDA!

meiro lugar a Verdade. Ela nos torna seguros na rota do bem e estimula a sinceridade, a compaixão, nossa capacidade de nos colocarmos no lugar do outro para conhecê-lo. E então queremos ser leais e justos.

É preciso estar sempre atiçando nossa sensibilidade, nosso coração e nossa mente, para não aceitarmos essas brutalidades do tempo atual como manifestações normais e sadias. O ser humano já nasce com alguns valores básicos que sustentam suas características: a bondade, a justiça, a lealdade e a verdade. Toda vez que desrespeitamos um desses valores básicos, tornamo-nos menos humanos e, portanto, menos normais. É normal e próprio do ser humano buscar viver esses valores, ao contrário do que hoje entendem as civilizações deturpadas. Assim como ao leão é apropriado viver na selva, à procura de sua presa, ao ser humano é normal viver a harmonia, a boa convivência com seus semelhantes, numa Natureza bela e equilibrada.

"Todos os seres humanos, diz-nos o psicólogo Maslow, nascem com um senso inato de valores pessoais positivos." Somos atraídos por valores positivos, tais como a justiça, honestidade, verdade, beleza, humor, vigor, poder (mas não poder abusivo), ordem (mas não perfeccionismo), inteligência (mas não convencimento ou arrogância). Da mesma forma somos repelidos por injustiça, morbidez, feiura, fraqueza, falsidade, engano, caos etc.

Mas não podemos associar um valor positivo a um negativo, sem uma repulsa. Assim, a justiça associada com a crueldade é repulsiva.

Os sentimentos bem entendidos formam a capacidade interior, com a qual nascemos, para chegar ao que pensamos ser bom/mau, certo/errado.

As emoções sucedem aos sentimentos. Não vale a pena contê-las. Bem diz a música *Emoções*, de Roberto Carlos: "Se sorri ou se sofri, o importante é que emoções eu vivi". Elas nos fazem gente de carne, osso e coração. E é bem melhor sermos assim do que robôs metálicos que não se curvam ao coração.

É o saber viver as emoções que faz o indivíduo transparente, capaz de se comunicar com facilidade, ao mesmo tempo em que desperta confiabilidade.

• 69

13. CUIDAR DOS SENTIMENTOS E DAS EMOÇÕES •

Viver as emoções sempre exige autoconfiança, amor a si próprio para encarar todas as situações como acontecimentos na trajetória, passíveis sempre de serem superados. Quando isto não acontece, quando o indivíduo deixa-se ser conduzido pela emoção, desprezando-se e não assumindo o comando de si, surgem então os problemas emocionais: depressão, fobia social, dependência, ansiedade, muitas vezes o tornando incapaz de trabalhar e fazendo-o partir para o álcool ou droga, excesso de comida ou jogo. Na verdade, todo problema emocional, oriundo da infância, ou de sofrimentos na adolescência, ou na vida adulta, respalda-se na pouca aceitação de si mesmo. Por isso, antes de tudo, temos de cuidar de nossa autoestima, reconhecer nossas qualidades e vitórias já conseguidas e aceitar-nos sempre como um ser em construção, cujo arquiteto e mestre de obra somos sempre nós mesmos. Quando descobrimos o potencial que temos como ser humano e aprendemos a nos amar, tudo pode ser superado e, então, caminhamos conscientes e seguros, na busca de um contínuo crescer e realizar feliz.

Como traz alegria, a descoberta que fazemos de que somos capazes de gerir nosso viver!

"Anda sobre teu próprio caminho, todo o resto é descaminho. Escuta teu coração profundo, tua inteligência contemplativa, todo o resto é mentira", fala-nos ainda o Anjo, do *Diálogos com o Anjo.*

14
CUIDAR DAS PALAVRAS

A palavra é a arma mais forte de Deus e dos homens. Com a palavra Deus criou o mundo, todos os seres e o homem. De forma poética o Gênesis narra toda a criação feita com a palavra de Deus.

No princípio, Deus criou o céu e a terra. A terra estava deserta e vazia, as trevas cobriam o abismo e o Espírito de Deus pairava sobre as águas. Deus disse: "Faça-se a luz". E a luz se fez. Deus viu que a luz era boa.

Deus separou a luz das trevas. À luz, Deus chamou "dia" e, às trevas, chamou "noite". Houve uma tarde e uma manhã: o primeiro dia.

Deus disse: "Faça-se um firmamento entre as águas, separando umas das outras". E Deus fez o firmamento. Separou as águas debaixo do firmamento, das águas acima do firmamento. E assim se fez. Ao firmamento, Deus chamou "céu". Houve uma tarde e uma manhã: o segundo dia.

Deus disse: "Juntem-se num único lugar as águas que estão debaixo do céu, para que apareça o solo firme". E assim se fez. Ao solo firme Deus chamou "terra" e ao ajuntamento das águas "mar". E Deus viu que era bom.

Deus disse: "A terra faça brotar vegetação: plantas, que deem semente, e árvores frutíferas, que deem fruto sobre a terra, tendo em si semente de sua espécie". E assim se fez. A terra produziu vegetação: plantas, que dão seu fruto com a semente de sua espécie. E Deus viu que era bom. Houve uma tarde e uma manhã: o terceiro dia.

• 71

14. CUIDAR DAS PALAVRAS •

Deus disse: "Façam-se os luzeiros no firmamento do céu para separar o dia da noite. Que sirvam de sinais para marcar as festas, os dias e os anos. E como luzeiros no firmamento do céu, sirvam para iluminar a terra". E assim se fez. Deus fez dois grandes luzeiros, o luzeiro maior para presidir o dia, e o luzeiro menor para presidir a noite, e também as estrelas. Deus colocou-os no firmamento do céu para iluminar a terra, presidir o dia e a noite e separar a luz das trevas. E Deus viu que era bom. Houve uma tarde e uma manhã: o quarto dia.

Deus disse: "Fervilhem as águas de seres vivos e voem os pássaros sobre a terra, debaixo do firmamento do céu". Deus criou os grandes monstros marinhos e todos os seres vivos que nadam fervilhando nas águas, segundo suas espécies, e todas as aves segundo suas espécies. E Deus viu que era bom. Deus os abençoou, dizendo: "Sede fecundos, multiplicai-vos e enchei as águas do mar, e que as aves se multipliquem sobre a terra." Houve uma tarde e uma manhã: o quinto dia.

Deus disse: "Produza a terra seres vivos segundo suas espécies, animais domésticos, animais pequenos e animais selvagens, segundo suas espécies". E assim se fez. Deus fez os animais selvagens segundo suas espécies, os animais domésticos segundo suas espécies e todos os animais pequenos do chão segundo suas espécies. E Deus viu que era bom.

Deus disse: "Façamos o ser humano à imagem e segundo nossa semelhança, para que domine sobre os peixes do mar, aves do céu, os animais domésticos, todos os animais selvagens e todos os animais que se movem no chão". Deus criou o ser humano a sua imagem, à imagem de Deus o criou. Homem e mulher ele os criou.

E Deus os abençoou e lhes disse: "Sede fecundos e multiplicai-vos, enchei a terra e submetei-a! Dominai sobre os peixes do mar, as aves do céu e todos os animais que se movem pelo chão".

Deus disse: "Eis que vos dou sobre toda a terra todas as plantas que dão sementes e todas as árvores que produzem seu fruto com sua semente, para servirem de alimento, e todos os animais da terra, a todas as aves do céu e todos os animais que se movem pelo chão, eu lhe dou todos os vegetais para alimento". E assim se fez. E Deus viu tudo quanto havia feito, e era muito bom. Houve uma tarde e uma manhã: o sexto dia.

Também com a palavra Deus anunciou a vinda de Jesus, o Salvador, quando o anjo fala a Maria: "Não tenhas medo, Maria! Encontraste graça junto a Deus. Conceberás e darás à luz um filho e lhe porá o nome de Jesus. Ele será grande, será chamado Filho do Altíssimo, e o Senhor Deus lhe dará o trono de Davi. Ele reinará para sempre e seu reino não terá fim".

• QUEM AMA, CUIDA!

O Evangelho de João anuncia a vinda de Jesus: "No princípio era a Palavra e a Palavra estava junto de Deus, e a Palavra era Deus. Ela existia, no princípio, junto de Deus. Tudo foi feito por meio dela, e sem ela nada foi feito de tudo que existe...".

Com a palavra Jesus pregou o caminho para o Reino de Deus, curou os doentes, expulsou os demônios e anunciou sua ressurreição e a dos que creem nele.

E como nós, seres humanos, usamos a palavra?

Usamo-la para expressar o amor, mas também o ódio.

Usamo-la para falarmos a Deus em preces contínuas.

Usamo-la para pedir as bênçãos de Deus sobre as pessoas, mas também para amaldiçoá-las.

Com a palavra declaramos guerra ou paz.

Com a palavra levamos conforto aos que sofrem, mas também ferimos as pessoas.

Com a palavra elogiamos e congratulamo-nos com as vitórias dos amigos, mas também criamos barreiras para impedir o sucesso de outros.

Com a palavra manifestamos a alegria e os bons sentimentos, mas também expressamos a inveja e os maus sentimentos.

Com a palavra pedimos perdão e também perdoamos.

Com a palavra oramos, mas também podemos rogar pragas.

Com palavra fazemos promessas de boas ações, mas também justificamos nossa apatia.

Com a palavra podemos encorajar o outro a lutar e vencer, apesar das dificuldades, mas também podemos desestimulá-lo com as nossas críticas.

Com a palavra revelamos sabedoria ou ignorância.

Com a palavra criamos pensamentos, textos, histórias reais e imaginárias, mas também pronunciamos mentiras.

Com a palavra selamos compromissos nos contratos e declarações.

Com a palavra vivemos.

As palavras expressas com a voz falada, em cantos, em gestos, ou escritas, exigem muitos cuidados: cuidados ao pensá-las, ao pronunciá-las, ao ouvi-las e ao interpretá-las. E como a entonação da voz pode deturpar o sentido!

• 73

14. CUIDAR DAS PALAVRAS •

Pensar a palavra certa, para a pessoa certa, no momento certo, é o grande desafio do ser humano. Por outro lado, é importante que se criem expectativas positivas para ouvir as palavras, buscando-se o real sentido delas. Há pessoas que se prendem aos preconceitos e às ideias captadas na mídia, ou nas comunidades onde vivem, e ficam sempre em posição de interpretar mal o que é dito ou anunciado. Precisamos despojarmo-nos dos negativismos e dos medos infundados, para podermos interpretar as palavras no real significado com que são comunicadas. Não aceitemos nada "por ouvir dizer".

Que nunca possamos transmitir o que se ouviu, sem a certeza de que é a verdade e o real.

Cuidar das palavras é ter o coração aberto para captar o verdadeiro sentido, escutar o que está além das limitações da linguagem, é ter a tranquilidade de uma mente positiva, é romper as armaduras dos preconceitos e das falsas ideias, para encontrar a verdade, que é sempre muito mais simples do que a imaginamos.

15
CUIDAR DOS RELACIONAMENTOS

A palavra relacionamento tem origem em relato, que significa restaurar, trazer de volta. Na verdade, todo relacionamento implica o contínuo restaurar ligações entre indivíduos. É um processo dinâmico e contínuo, que só é possível se feito com iniciativas para homenagear e respeitar o outro. Não há amor, nem amizade que se estruturem em apatia e ausência de comunicação. Exigem sempre gestos de doação um ao outro. Não pode haver cansaço, preguiça e falta de iniciativas, quando se quer manter vivo e belo um relacionamento. Ele precisa ser temperado com gentilezas, carinho, atenção que marque uma presença inesquecível.

Para construirmos um bom relacionamento, é importante que nos atentemos para reconhecer no outro, cada dia, as alterações e a evolução que se dão em cada um. Nenhum ser humano é estático. Progredimos ou regredimos dia a dia. Precisamos acompanhar as evoluções e advertir o outro, quando achamos que há retrocesso.

Prestemos atenção à forma do outro se vestir, aplaudamos as conquistas conseguidas no trabalho ou no desenvolvimento dos dons. Elogiemo-lo sempre que

• 75

15. CUIDAR DOS RELACIONAMENTOS •

pudermos. Reparemos as alterações que se dão em seu olhar, em sua fisionomia. Perscrutemos o grau de felicidade ou tristeza que se manifesta nele ou nela. Descubramos o crescimento que se deu com os conhecimentos adquiridos pelo outro, uma nova habilidade que desabrocha, os sentimentos que estão forrando seu coração, em cada momento, as emoções que se manifestam nele(a), o jeito peculiar de revelar seu eu, por vezes contido com medo das críticas. Estimulemo-lo(a) a manifestar-se com sinceridade e a descobrir em si o lado bom que quer se afirmar, mas que se esconde em falsas apresentações. Provemos sua confiança nele(a). Evitemos cobranças e questionamentos do seu comportamento. Não deixemos que as opiniões e suposições de terceiros interfiram na construção dessa confiança.

Nem de longe aceitemos a influência dos modismos, dos preconceitos e conceitos veiculados pelos meios de comunicação e repetidos por alguém, que possam arranhar nossos relacionamentos. Lembremo-nos de que só nós somos responsáveis pela construção de um bom relacionamento e que cada um deles tem um desenho específico, que não deve ser modelado por padrões da moda.

É saudável descobrir as semelhanças e diferenças entre os indivíduos de um relacionamento. As semelhanças aproximam; as diferenças reforçam a individualidade de cada um.

Etimologicamente, a palavra relacionamento vem do latim *relatus*, particípio passado de *referre*, que significa levar consigo, postar.

Na verdade, todo relacionamento bem construído dá-nos a sensação de que passamos a levá-lo conosco, como parte de nosso ser. Parafraseando Ortega y Gasset que diz: "Eu sou eu e minha circunstância", podemos dizer: "Eu sou eu e meus relacionamentos".

O relacionamento mais marcante na vida de qualquer ser humano é o relacionamento com Deus. Se estamos construindo bem esse relacionamento, saberemos desdobrá-lo para com todos os outros que se fazem no trajeto de nossa vida.

Relacionar-se com Deus é buscá-lo com intensidade. É dispor diariamente de um tempo para lhe falar e escutá-lo. É cumprir os pactos que foram feitos por Deus com a Humanidade, ou seja,

• QUEM AMA, CUIDA!

os mandamentos e as leis divinas. É procurar conhecê-lo na sua grandiosidade, na sua Bondade e na sua Misericórdia. É procurar homenageá-lo individualmente e em festas coletivas. É sempre manifestar o carinho e respeito para com Deus. É dinamizar esse relacionamento a cada dia, a cada hora, com gestos de amor, como Ele gosta, para outras criaturas e queridos dele.

Relacionar-se com Deus é confiar nele totalmente, de forma absoluta.

"Somos feitos de fé.

Aquele que tem fé tem seu mestre.

E a fé é sua força.

Se acreditar que tenho voz posso falar.

Se não acreditar sou mudo.

É a fé colocada no alto.

A fé é a ponte", diz o anjo de Gitta Malasz.

Se aprendermos a nos relacionar com Deus, esta aprendizagem se desdobrará com sucesso em todos os outros relacionamentos humanos.

16
CUIDAR DO AMBIENTE

Há uma relação de reciprocidade na percepção dos movimentos entre todos os elementos do Universo.

A total criação de Deus, o Universo, que até hoje ainda não é totalmente conhecida, nos segredos de sua riqueza e da forma como cada uma se revela, comporta-se numa reciprocidade que aos poucos começa a ser intuída pelo ser humano. Diz-se que uma folha que se desprende de uma árvore tem repercussões em todo o universo. Da maravilhosa Natureza e das relações que se fazem imbricadas entre si, entre o reino mineral, vegetal e animal, entre os corpos celestes e entre tudo isso, e nós, seres humanos, há muito o que se descobrir. Mas vale a pena orientarmos nosso pensamento para o menor espaço que nos rodeia: o ambiente em que vivemos.

O ambiente é tudo aquilo que está a nosso entorno, é uma extensão do nosso ser, de nossa alma, de nossa capacidade de amar e de sentir. As emoções, os sentimentos, as percepções da mente, as pulsações do coração e as vibrações dos sentidos se enlaçam em tudo que está à nossa volta.

Conhecemos as pessoas pelo ambiente em que elas vivem e constroem para si e para os seus. Tem capacidade de amar aquele que

16. CUIDAR DO AMBIENTE •

deixa o lixo jogado na rua, onde seu semelhante vai passar? Tem equilíbrio mental aquele que decora sua casa com objetos extravagantes, esculturas agressivas, ainda que de valor artístico? É capaz de pensar no outro aquele que põe o som em alto volume, com decibéis superiores ao conforto auditivo dos vizinhos?

O ambiente onde vivemos é a imagem de nosso espírito e de nossa alma, do quanto somos alegres ou tristes, do quanto pensamos só em nós ou nos outros também, do quanto consideramos as demais criaturas de Deus: as plantas, os animais, as obras artísticas e tecnológicas de outros seres humanos. Importa que aprendamos a valorizar todas as riquezas naturais que o Senhor nos deu e as construções de todas as criaturas.

Toda a Natureza é sensível a nossos pensamentos e a nossa fala. Se cantamos louvores a Deus próximo a uma planta, ela pode vibrar e manifestar-se bela, crescer e florir com maior intensidade. Experimente! Faça isso dias seguidos e aguarde o resultado.

Os animais de maneira especial compartilham de nosso estado de espírito. É comum ver um cão se revelar triste se percebe seu dono preocupado ou triste; alegre se o dono está contente.

A casa onde vive uma família deve ser cuidada de modo a favorecer o conforto, mas principalmente a harmonia, o que pode ser conseguido com a escolha das cores e com a quantidade de móveis e utensílios, que não podem estar acumulados e entulhados. O espaço para circulação de todos precisa ser medido adequadamente. A decoração deve responder ao equilíbrio das cores bem como à disposição dos quadros e objetos de arte, para favorecer o bem-estar que o belo nos possibilita. As plantas, flores e animais podem compor a harmonia prazerosa do estar integrado à Natureza.

Importante é que sempre nos lembremos de cuidar das criaturas de Deus. No Gênesis, Deus entrega a Natureza aos homens e estabelece que eles devem reinar sobre ela. Reinar não é explorar, mas governar, cuidar, zelar para o crescimento de cada um.

17
CUIDAR DA CIDADE ONDE VIVEMOS

A relação do indivíduo com a cidade onde moramos nem sempre se faz de forma pacífica e afetuosa. É frequente encontrarmos pessoas que pensam que a cidade deve existir para satisfazer suas vontades, caprichos e conforto, em vez de sentir-se responsável pelo bom crescimento, beleza e saúde ambiental da comunidade onde vive. Sentir-se cidadão não está sendo muito frequente nos tempos atuais. Por vezes, encontramos pessoas que se sentem lesadas porque pagam impostos e não veem as melhorias que seriam de sua preferência, como se a relação entre ela e o município devesse ser semelhante àquela entre patrão e operário servil. Culpam sempre a administração, mas são os mais relaxados quanto à limpeza e conservação da aparência da cidade: chupam sorvete, balas, jogam as cascas e papéis na rua; fumam cigarros e lançam os tocos ao chão onde passam; tomam refrigerantes e deixam a garrafa pet no passeio ou na janela mais próxima; arrancam as flores da praça e chegam a depredar os monumentos e serviços públicos, como telefones. Enfim, não se responsabilizam pela conservação e desen-

17. CUIDAR DA CIDADE ONDE VIVEMOS •

volvimento da cidade e muito menos de seus cocidadãos. Veem os erros nas ações dos administradores, mas não enxergam as traves de seu comportamento.

Que fazer para ensinar o cuidado com a cidade?

Campanhas das prefeituras mal formuladas não bastam. Instruções para as crianças, nas escolas, sobre a história e os valores da cidade e a importância de cada um contribuir para a beleza e proteção do ambiente coletivo também não são suficientes, porque as crianças repetem os exemplos dos pais.

É preciso um trabalho sistemático de educação dos adultos, campanhas formativas, como há muitos anos se lançou a imagem pejorativa do "Sujismundo", personagem de animação criado por Ruy Perotti Barbosa, utilizado na campanha para incentivar hábitos de higiene e limpeza pessoal e do ambiente.

Mais que tudo isso é preciso evocar a dimensão espiritual dos indivíduos para desenvolver o respeito ao próximo e combater o egoísmo de cada um. "O bem viver visa uma ética da suficiência e da decência para toda a comunidade e não apenas para o indivíduo", lembra-nos Leonardo Boff. Quem só pensa em si próprio e não aprende a colocar-se no lugar do outro continuará eternamente seu comportamento egocêntrico, maléfico e infeliz.

O progresso de uma civilização se mede pelo aumento da sensibilidade para com o outro, já dizia Teilhard de Chardin.

Cuidar da cidade é desenvolver a sensibilidade para com todos os habitantes do município onde vivemos. Valorizemos os conterrâneos, como os nossos pais faziam. Aprendamos a encontrar e a cultuar as belezas naturais e edificadas onde vivemos. O respeito às pessoas, às riquezas e aos espaços municipais é fundamental a quem se reconhece cidadão.

18
CUIDAR DO PAÍS

Ah, como é raro encontrar pessoas que aprenderam a encarar os problemas da Nação sob o ponto de vista extensivo às diversas camadas sociais e profissionais. O mais comum é o indivíduo que tudo analisa do pedestal onde se encontra. De maneira especial, os que vivem de forma privilegiada, por terem recursos que lhes garantem conforto e educação conquistada em escolas particulares, aqueles que sempre têm como pagar o serviço de outros, estes analisam as questões de seu país, as econômicas e políticas sob o enfoque que vai garantir a continuidade de seus privilégios. Nunca sabem pensar e imaginar as situações dos menos favorecidos. São apressados em julgar e formular suas opiniões tendenciosas para o estado de segurança da sua condição de rico ou remediado. Pensam somente em seus filhos, não nos filhos das classes pobres. Que os pobres continuem pobres é o que desejam eles.

Tem razão Leonardo Boff quando analisa que no Brasil os mais favorecidos têm ódio dos pobres. "As elites abastadas do Brasil odeiam o povo que foi tirado do inferno da pobreza e da fome e está ocupando os lugares antes reservados às elites

• 83

18. CUIDAR DO PAÍS •

abastadas. Estas pensam em apenas fazer caridade, doar coisas, mas nunca em fazer justiça social. Esse ódio é induzido pela mídia conservadora."

Nem a religião nem a cultura transformam o jeito de ser desses, que são insensíveis ao sofrimento e à luta do pobre. Assim como o Nazismo considerava os judeus desprezíveis e que deveriam ser extintos, também as classes privilegiadas consideram os pobres como incompetentes, azarentos e execráveis, que devem sofrer ou apenas existirem para servi-los, mediante salários pagos com deboche.

Que fazer para sensibilizar o coração das classes privilegiadas? Como transformar seu coração de pedra em coração de carne?

Quando lemos o Apocalipse de São João, vem à mente a esperança de que Deus está providenciando uma solução.

> "Pois é chegada a hora
> Que o homem injusto acrescente ainda a sua injustiça,
> Que o impuro acrescente ainda a sua impureza,
> Mas que o justo pratique ainda a justiça e que o santo continue a se santificar.
> Eis que vejo!
> Dou a cada um segundo suas obras.
> Eu sou o Alfa e o Ômega,
> O primeiro e o último.
> O princípio e o fim."

Cuidar do país é antes de tudo aprender a ver todas as questões sob a perspectiva do todo, o interesse de todas as camadas sociais, de todas as idades, de todos os graus de instrução, de todas as regiões. É aprender a não falar mal da terra e de seu povo. Respeitar os símbolos nacionais e a história dos antepassados. É defender sempre a nação junto aos estrangeiros. É procurar conhecer e salvaguardar a riqueza nacional das interferências estrangeiras. É construir o orgulho de pertencer à pátria.

19
CUIDAR DO PLANETA TERRA

Extenuado com tudo que a humanidade está denegrindo e destruindo, o astronauta procurou luzes, erguer-se no espaço para encontrar a claridade que não conseguia enxergar aqui na terra.

O homem precisa transformar-se em astronauta para de longe reconhecer o verdadeiro valor da terra. Dos céus pôde ver nosso planeta, pequeno em relação à amplitude do Universo, mas que, na multiplicidade de cores e tons, encerra, em si, uma diversidade imensa de riquezas. E ele pensa nos diferentes povos e costumes que ocupam aquele espaço, seres animais, vegetais e minerais, um tesouro inimaginável que Deus nos concedera. E a terra caminha carregando toda esta abundância exuberante, que lá de baixo muitos não sabem valorizar. Mãe Terra, a Gaia de todos os tempos acolhe em seu seio todas as criaturas que o Pai lhe entregou: homens, animais, vegetais, minerais, e sempre defendeu seus acolhidos, conforme a vontade do Criador. Mas seus hóspedes, que estão aqui de passagem, não estão sabendo reconhecer o ninho silencioso e seguro que ela oferece.

Como mãe zelosa, agora ela manifesta seu descontentamento e o do Pai com a re-

19. CUIDAR DO PLANETA TERRA •

beldia, as agressões e os maus comportamentos que os homens têm tido para com ela e para com outros viventes deste habitat. Afinal, uma mãe precisa corrigir e ensinar aos filhos, castigá-los se necessário. Oxalá, os terremotos, os tsunamis e furacões acordem toda a humanidade, para que aprendam a cuidar de sua morada e a de seus vizinhos.

Agora, nos ares, o astronauta descobre que o que buscava no alto está aqui conosco, no fundo do vale, basta abrir os olhos. Onde poderíamos buscar e encontrar "o Ser que é", senão em tudo que existe? Deus só pode estar em todo lugar. Nas estrelas e galáxias infindáveis, que pontuam o Universo, e na formiga que caminha na sua trilha em busca de alimento; na luz do Sol e no coração dos homens; no andarilho do nordeste e no magnata paulista em seu carro blindado; naquela flor que enfeita o jardim de sua casa e no beija-flor que busca o néctar.

Ah, se o ser humano descobrir a presença de Deus, tão revelada por Jesus, em tudo que existe, então saberá cuidar de todas as coisas, de modo particular do planeta Terra, que nos acolhe no colo materno, a moradia concedida pelo Pai para aqui crescermos e transformarmo-nos em seres verdadeiramente humanos, quando, então, seremos como uma ponte que faz a ligação entre todos os seres e o Criador.

O ser só chega a ser humano quando realmente se faz vínculo, liame entre Deus e as demais criaturas do Senhor. Esta conexão só pode ser feita com o cuidado muito responsável para com o outro, pessoa e qualquer outra criatura.

CONCLUSÃO

Em tudo o cuidado é o segredo do sucesso e das vitórias. Conhecer e relacionar-se com Deus, com os seres humanos e com a Natureza sempre depende do cuidado. Quem tem em mente "o cuidar", como uma tarefa peculiar e própria de ser pessoa, caminha firme para realizar sua missão e vai conquistando sempre novas perspectivas de viver a melhor condição – de ser humano realizado, feliz, que evolui a cada dia. Não há evolução nem crescimento sem o cuidado. Não há liberdade e consciência de si, sem o cuidado para se descobrir e ao outro, sem o zelo pela própria dignidade e a do outro.

O cuidado é o melhor alimento do espírito, porque é o alento essencial para sairmos de nosso egoísmo e procurarmos fora os significados e a dimensão do viver. Com o cuidado conhecemos as dificuldades, as pedras dos caminhos e, então, podemos ir removendo-as para chegarmos à construção de um amor, de uma amizade ou de uma cura.

Por vezes, a pressa ou a lentidão comprometem o cuidar. Por isso é preciso buscar um tempo ótimo. O tempo é um relógio que só anda com a corda do coração. Tem de ter o tic-tac do amor, a vibração do estender-se e oferecer-se, que nos traz o tempo ideal no cuidar.

Como Jesus nos ensinou, o cuidar se faz com humildade, com o despojar-se das preocupações egoístas, para se colocar a

• 87

CONCLUSÃO •

serviço. É o serviço que nos conduz à grandiosidade e amplitude do viver e caminhar para o eterno. Servir, servir, servir, é o grande tesouro da vida humana.

"Você vê o milagre chegar,
Quando esquece de si mesmo."

"Este é o segredo dos segredos."

"Um só lugar onde encontrar a alegria
Além da Pessoa."

Então, o cuidado só é possível aos que se comprometem com os que não têm medo de responsabilidades, mas aceitam-nas como um dever intransferível e único.

A atenção é o necessário. O cuidado é o que é mais que o necessário – é o serviço do amor.